CUIDAR DE QUEM EDUCA

CARO LEITOR,
Queremos saber sua opinião sobre nossos livros.
Após a leitura, curta-nos no facebook.com/editoragentebr,
siga-nos no Twitter @EditoraGente e
no Instagram @editoragente
e visite-nos no site www.editoragente.com.br.
Cadastre-se e contribua com sugestões, críticas ou elogios.

EDUARDO SHINYASHIKI

CUIDAR DE QUEM EDUCA

COMO MANTER O BEM-ESTAR E O EQUILÍBRIO EMOCIONAL PARA VENCER OS DESAFIOS DA EDUCAÇÃO

Diretora
Rosely Boschini

Gerente Editorial
Rosângela de Araujo Pinheiro Barbosa

Editora Júnior
Carolina Forin

Assistente Editorial
Mariá Moritz Tomazoni

Controle de Produção
Fábio Esteves

Preparação
Vivian Souza

Capa
Rafael Nicolaevsky

Projeto Gráfico e Diagramação
Juliana Ida

Imagens de miolo
Shutterstock

Revisão
Fernanda Guerriero Antunes

Impressão
Gráfica Terrapack

Copyright © 2023 by Eduardo Shinyashiki

Todos os direitos desta edição são reservados à Editora Gente.

Rua Natingui, 379 – Vila Madalena
São Paulo, SP– CEP 05443-000
Telefone: (11) 3670-2500
Site: www.editoragente.com.br
E-mail: gente@editoragente.com.br

Dados Internacionais de Catalogação na Publicação (CIP)
Angélica Ilacqua CRB-8/7057

Shinyashiki, Eduardo
    Cuidar de quem educa: como manter o bem-estar e o equilíbrio emocional para vencer os desafios da educação / Eduardo Shinyashiki. - São Paulo : Editora Gente, 2023.
    224 p.

ISBN 978-65-5544-387-5
1. Professores – Saúde mental 2. Professores - Satisfação no trabalho I. Título

23-4704   CDD 371.1

Índices para catálogo sistemático:
1. Professores – Saúde mental

NOTA DA PUBLISHER

Nosso sistema educacional enfrenta tempestades de mudanças e, muitas vezes, coloca à prova a estabilidade e a paixão daqueles que se dedicam a moldar mentes jovens. Ainda assim, em meio a um ambiente frequentemente desfavorável ao aprendizado e a condições de trabalho precárias, professores, coordenadores e diretores se esforçam para inspirar e educar apesar das adversidades.

Eduardo Shinyashiki, palestrante, educador, mentor e escritor, além de querido irmão de quem tenho muito orgulho, coloca-se ao lado desses agentes de transformação e convida o leitor a explorar as dificuldades muitas vezes negligenciadas, mas que são cruciais para a evolução do ambiente educacional. Com toda sua experiência e perspicácia característica, Edu aborda a importância da saúde mental e do bem-estar dos educadores e propõe medidas concretas, políticas de apoio e investimento em capacitação, que repercutirão não apenas na qualidade da educação, mas também na realização profissional dos próprios educadores.

Resultado de anos de estudos e trabalho incansável, este livro reflete o preparo do Edu para falar sobre o assunto de maneira profunda e significativa. É uma obra inspiradora que não apenas identifica os desafios enfrentados, mas também aponta um caminho sólido para garantir que nossos professores possam exercer sua missão com paixão, confiança e equilíbrio emocional.

Querido educador, este livro é para você, que molda o futuro por meio da educação. Não perca a oportunidade de embarcar nessa jornada de aprendizado e transformação. Deixe-se guiar pela sabedoria e experiência de Eduardo Shinyashiki, um mestre que honra sua missão de iluminar os caminhos daqueles que têm o poder de mudar vidas.

ROSELY BOSCHINI
CEO e Publisher da Editora Gente

Dedico este livro, com profunda admiração e respeito, a todos os educadores deste Brasil, que abraçam cotidianamente os filhos de cada família e que são guardiões do direito de toda criança e todo jovem de poder se desenvolver, aprender, construir sua autonomia e escolher, com esperança, seu próprio futuro.

AGRADECIMENTOS

Minha gratidão a todos os professores, educadores, coordenadores e gestores que encontrei nos meus mais de quarenta anos de trabalho nessa área. Vocês me permitiram compartilhar encontros, momentos, experiências, desafios, dificuldades, realizações, emoções e sentimentos. Uma grande riqueza humana e uma honra para mim.

Quero homenagear e agradecer de coração a Rogener Almeida Santos Costa, pelas contribuições, sugestões e pela leitura crítica do livro, além da amizade que nos une há muitos anos.

Minha imensa gratidão a Irmã Marcia Santiago e a todos os educadores do Instituto Nossa Senhora da Piedade (INSP - RJ) pela cooperação e dedicação na compreensão mais profunda do aluno e sua evolução e na construção de valores humanos sólidos na prática do ensino.

Minha eterna gratidão, pela diferença que fizeram e fazem na minha vida pessoal e profissional, a: Marcos Melo e Luciana Melo; Vicente Falcão e Rose Falcão; Paulo Ferraz e Luciane Martins.

Gratidão e admiração pelo importante trabalho na educação à União dos Dirigentes Municipais de Educação – Undime Nacional – e à Undime de todos os estados brasileiros.

Meu agradecimento ao compromisso de construírem uma educação fundamentada em valores que constroem um ser humano empoderado e uma sociedade mais equânime e justa para:

- Serviço Nacional de Aprendizagem do Cooperativismo (Sescoop);
- Sistema de Crédito Cooperativo (Sicredi);
- Serviço Brasileiro de Apoio às Micro e Pequenas Empresas (Sebrae);
- Serviço Social da Indústria (Sesi);
- Serviço Nacional de Aprendizagem Industrial (Senai);
- Serviço Social do Comércio (Sesc);
- Serviço Nacional de Aprendizagem do Comércio (Senac).

Meu muito obrigado à Organização das Nações Unidas para a Educação (Unesco), ao projeto "Escola da Família", a Maria Helena Marques e a todos os educadores que tive o prazer e a alegria de encontrar nessa importante iniciativa que integrava escola, famílias e sociedade.

Agradeço ao dr. Juarez Furtado, amigo querido e verdadeiro paladino incansável na sua missão de cuidado com crianças e famílias.

Muito obrigado aos meus professores, sempre presentes em meu coração, por ter me orientado, ajudado, corrigido, encorajado e capacitado para trilhar meu caminho de vida.

Minha gratidão especial a minha mãe, que, mesmo sem ter tido a oportunidade de estudar, sempre fez, com sabedoria, que os filhos entendessem o valor e a importância da educação.

Meu agradecimento especial a Dani, minha esposa, pela parceria no trabalho e na vida, pelo sentimento e significado de família, pela força do seu apoio e pelo amor que nos une.

Gratidão imensa à minha equipe do Instituto Eduardo Shinyashiki (iES) que me acompanha com profissionalismo, dedicação, paciência, carinho e lealdade, permitindo-me realizar resultados que sozinho jamais conseguiria.

Agradeço de coração minha irmã, Rosely Boschini, e também Carolina Forin e toda a prestigiosa equipe da Editora Gente, sempre trabalhando generosa e impecavelmente para tudo sair com perfeição.

SUMÁRIO

PREFÁCIO — 13

INTRODUÇÃO — 15
Quem cuida do educador?

CAPÍTULO 1 — 24
O desequilíbrio da força vital

CAPÍTULO 2 — 30
Despertando o potencial das
competências socioemocionais

CAPÍTULO 3 — 38
A jornada da
inteligência emocional

CAPÍTULO 4 — 51
As emoções movem
o ser humano

CAPÍTULO 5 — 61
As experiências
desestabilizadoras

CAPÍTULO 6 — 76
Conexão corpo e emoções

CAPÍTULO 7 — 97
Convicções e
construção do mindset

CAPÍTULO 8

O processo contínuo
de conexão entre corpo,
ação e conhecimento

109

CAPÍTULO 9

Neurônios-espelho
◇ A conexão consigo
mesmo e com os outros

128

CAPÍTULO 10

Criar pontes por
meio da comunicação

142

CAPÍTULO 11

Teoria Polivagal e a importância
da conexão e da segurança

153

CAPÍTULO 12

Mente, corpo, emoções e
as memórias traumáticas

169

CAPÍTULO 13

O tempo ◇ Chamado
inadiável para a jornada
de transformação

177

CAPÍTULO 14

Por que a
mudança é possível?

200

CAPÍTULO 15

A transformação está
nas suas mãos

211

PREFÁCIO

Convergências de vivência e pensamentos com o professor e neurocientista Eduardo Shinyashiki me fizeram sentir por ele uma forte identificação, posto haver similitudes como uma trajetória de educador que já dura algumas décadas, percorrendo essa sinuosa estrada da educação brasileira, e a convicção de que a competência socioemocional é uma ferramenta pedagógica poderosa na formação educacional de professores e alunos. Eduardo tem realizado a necessária tarefa de propagar esses ensinamentos com dedicação extrema por meio de palestras, congressos, mentorias, treinamentos, publicações e do trabalho com o Instituto Eduardo Shinyashiki.

Eduardo já havia nos brindado com as obras *Viva como você quer viver*, *A vida é um milagre*, *Transforme seus sonhos em vida* e *O poder do carisma*, e agora nos presenteia com o brilhante e motivador livro *Cuidar de quem educa*, o qual considera um guia que pega os professores pelas mãos e os ensina a equilibrar emoções, mente e corpo. No entanto, este livro ultrapassa a fronteira de uma simples orientação aos docentes brasileiros, pois é ainda um libelo contra o desdém com o qual lhes tratam as políticas educacionais arquitetadas ao longo dos tempos com os traços tortos da insensibilidade; contra as condições inadequadas de nossas escolas, a sobrecarga de trabalho, a baixa remuneração, a ausência de valorização, o esgotamento físico e psíquico recrudescido nos tempos da pandemia; e é também um grito em prol desses *construtores do futuro*.

Quando lemos a realidade de suas agruras e de seus desgastes emocionais, aqui descrita de maneira insofismável, ficamos com um nó górdio apertando o pescoço de nossa alma. E quando pensamos na impossibilidade de desatá-lo, eis que *Cuidar de quem educa* nos traz a solução do enigma com os ensinamentos das habilidades socioemocionais para fortalecer nos professores e alunos a humanidade, a resiliência e o controle emocional.

É verdade que esta obra escrita por Eduardo tem um conteúdo que guia, robustecendo-se quando se descortina o manejo da inteligência emocional, a qual se mostra como um eficiente guia para as ações e o raciocínio. Certamente ela não foi concebida apenas para que se entenda o seu conteúdo, mas, essencialmente, para que os professores e alunos utilizem as práticas nela sugeridas e as apliquem nos seus cotidianos, desde as relacionadas ao autoconhecimento até a ressignificação dos sentimentos; da expressão do amor e do desterro do desamor, do desamparo e da desvalorização na criação de uma criança, ao poder de transformação através de escolhas e mudanças de comportamento.

Os conhecimentos neurocientíficos de Eduardo formam argamassa específica para fazer a conexão entre a mente e o cérebro e embasam a demonstração de que a cognição integrada ao corpo é relevante para o processo educacional, favorecendo a aprendizagem, assim como a cognição corporificada permite ao professor assumir a consciência do aqui e do agora. Ao tempo em que discorre sobre o poder da palavra e dos fundamentos do diálogo para uma comunicação efetiva com o objetivo de alcançar o equilíbrio entre a clareza do *falar* e a virtude do *ouvir*, ele desnuda os processos neurofisiológicos associados à sensação de segurança, tão essencial para a incorporação de um comportamento saudável e para a criatividade.

Não me restou qualquer dúvida de que este livro abre o portal para a educação do futuro e que os professores, ao assimilarem a possibilidade de mudança de comportamento através do conhecimento sobre a ressignificação de sentimentos negativos e a neuroplasticidade do cérebro (*tudo o que se faz, que se pensa e em que se foca uma atenção altera a estrutura e o funcionamento do cérebro*), transformarão os paradigmas atuais da educação brasileira.

Fiquei lisonjeado e honrado por ter tido o privilégio de ler e sentir em primeira mão esta obra. Adquiri novos conhecimentos, a exemplo das funções dos *neurônios-espelho* responsáveis por nosso aprendizado para sermos humanos, imitando mentalmente o que observamos; e por nossa capacidade de falar, de sorrir, de perceber os sentimentos e as emoções dos outros.

Este livro não mudará somente a concepção de ensino que tem hoje o professor, mas o inspirará a aplicar os princípios nele contidos para construir uma nova educação. Ele não é tão somente importante, mas obrigatório para todos da comunidade escolar.

PAULO DE PAULA
Escritor, fundador e chanceler da Universidade Potiguar

INTRODUÇÃO
QUEM CUIDA DO EDUCADOR?

> "A prática do curador, do terapeuta, do professor ou de qualquer profissional de assistência deve ser dirigida primeiro para ele mesmo. Se a pessoa que ajuda estiver infeliz, não poderá ajudar a muita gente."
>
> Thích Nhất Hạnh, monge budista vietnamita[1]

A educação é minha paixão! Trabalho com educadores, professores e alunos há mais de quarenta anos e acredito que o caminho mais assertivo na busca do ser humano para a sabedoria e a felicidade é o da Educação.

Para mim a educação é um processo contínuo de formação que acompanha a evolução e o destino do ser humano em todas as idades e em sua totalidade, tendo como objetivo a realização pessoal.

Educar é trabalhar para despertar e desenvolver as potencialidades do ser humano. Todos aqueles que educam têm como missão a arte de extrair do outro o que há de melhor, fazendo germinar seus talentos e sonhos.

E o professor é a peça-chave nesse processo. Ele é um dos principais líderes da vida da criança, influenciando diretamente em seu desenvolvimento e no fortalecimento da sua autoestima e autorrealização. É ele que influencia tantas escolhas e é, com toda certeza, um verdadeiro multiplicador de sonhos.

Ser professor é um trabalho e uma missão muito especial, pois educar os jovens de hoje – que serão os adultos de amanhã – é uma prioridade fundamental para a sociedade como um todo. Porém essa não é uma missão fácil.

O professor precisa se equilibrar entre as diversas exigências dos alunos, dos pais e da instituição em que lecionam; as diversas opiniões sobre como deve agir ao exercer sua vocação; as mudanças contínuas; as condições de trabalho muitas vezes não favoráveis para o processo de ensino; e as cobranças da vida pessoal. Assim, vão se acumulando e

---

1. HOOKS, B. Pedagogia engajada. *In*: **Ensinando a transgredir**: a educação como prática de liberdade. 1. ed. São Paulo: WMF Martins Fontes, 2013, p. 28. Disponível em: https://edisciplinas.usp.br/pluginfile.php/7303484/mod_resource/content/7/hooks_ensinando%20a%20transgredir_primeiro%20capitulo.pdf. Acesso em: 9 ago. 2023.

aumentando os desafios, a frustração, o desânimo e o cansaço – tudo isso produz sobrecargas mentais e emocionais.

Quando esses fatores se acumulam, pesam nas costas do professor, minando traiçoeiramente a imagem que ele tem de si mesmo, do seu valor e do seu trabalho. Sua autoconfiança e sua motivação, portanto, ficam extremamente prejudicadas. E a confirmação disso está nas diversas pesquisas que revelam o crescimento nos últimos anos de um sentimento de mal-estar nos professores e o aumento do nível de estresse, exaustão, insatisfação, ansiedade, depressão e burnout entre os educadores.

Para compreender melhor essa situação, é importante analisar algumas estatísticas e dados técnicos que evidenciam o estresse vivenciado pelos educadores. Segundo pesquisas recentes, 72% dos educadores tiveram a saúde mental afetada durante a pandemia da covid-19. Ansiedade, estresse e depressão são os maiores distúrbios listados por professores, assistentes e coordenadores pedagógicos.[2]

De acordo com essas pesquisas, aproximadamente 34,6% dos professores entrevistados pensaram em se afastar do trabalho devido a questões de saúde mental e estresse.[3]

Isso resulta em um impacto negativo na saúde e qualidade de vida do educador, além de prejudicar o processo educacional.

Além disso, o mal-estar psicológico também leva muitos profissionais a desistirem da carreira docente. De acordo com uma pesquisa recente, cerca de 75% dos entrevistados acreditam que um dos principais fatores que fazem os professores desistirem ou pensarem em desistir da carreira docente está relacionado a questões psicológicas. E 71% deles admitem se sentir estressados no trabalho devido à cobrança excessiva por resultados.[4]

---

2. SAÚDE MENTAL de 72% dos educadores foi afetada durante pandemia, afirma estudo. **CNN Brasil**, 31 ago. 2020. Disponível em: https://www.cnnbrasil.com.br/saude/saude-mental-de-72-dos-educadores-foi-afetada-durante-pandemia-afirma-estudo/. Acesso em: 9 ago. 2023.

3. PASQUINI, P. Com volta às aulas, dispara número de educadores que pensaram em se afastar devido à saúde mental. **Folha de S.Paulo**, 28 out. 2022. Disponível em: https://www1.folha.uol.com.br/educacao/2022/10/com-volta-as-aulas-dispara-numero-de-educadores-que-pensaram-em-se-afastar-devido-a-saude-mental.shtml. Acesso em: 17 ago. 2023.

4. GOULART, J. Carreira docente: 5 aspectos para debater os desafios da profissão. **Nova escola**, 20 jul. 2023. Disponível em: https://novaescola.org.br/conteudo/21722/desafios-carreira-docente. Acesso em: 9 ago. 2023.

As estatísticas de adoecimento entre os educadores também são alarmantes. Problemas de saúde mental, como ansiedade e depressão, estão entre os principais transtornos enfrentados pelos professores. Um estudo recente revelou que 21,5% dos educadores brasileiros consideram sua saúde mental "ruim" ou "muito ruim". A pesquisa destaca, ainda, que entre as consequências negativas resultantes da pandemia estão: "sentimentos intensos e frequentes de ansiedade (60,1%), seguidos por baixo rendimento e cansaço excessivo (48,1%) e problemas com sono (41,1%). Há, ainda, outros problemas apontados, como dificuldade de socialização e isolamento, sensação de tristeza e aumento do consumo de psicoativos e álcool".[5]

Esses dados refletem um cenário desafiador para os educadores no Brasil. É fundamental que sejam implementadas políticas e medidas de apoio à saúde mental desses profissionais, além de melhorias nas condições de trabalho e na valorização da carreira docente. O investimento em programas de capacitação, o suporte emocional e a diminuição da carga horária excessiva são algumas das estratégias que podem contribuir para a redução do estresse e para a retenção dos talentos na área da Educação.

A pandemia global que assolou o mundo nos últimos tempos evidenciou algo que já estava latente, mas muitas vezes ignorado: a importância do fator emocional na vida do educador. Essa crise sem precedentes não apenas afetou a saúde física das pessoas, mas também teve um impacto profundo no seu bem-estar psicológico.

Os educadores, que já enfrentavam uma série de desafios antes mesmo da covid-19, viram-se subitamente imersos em um turbilhão de incertezas, medos e demandas exaustivas. Eles tiveram que se adaptar rapidamente a novos formatos de ensino, lidar com a falta de contato físico com seus alunos e enfrentar a sobrecarga emocional resultante das dificuldades vividas por suas comunidades.

Nesse contexto, o fator emocional tornou-se uma questão central. Os educadores passaram a se preocupar não apenas com o conteúdo curricular, mas também com o estado emocional e mental de seus alunos. Eles se tornaram não apenas transmissores de conhecimento, mas

---

5. LYRA, T. Pesquisa revela que saúde mental dos professores piorou em 2022. **Nova escola**, 10 out. 2022. Disponível em: https://novaescola.org.br/conteudo/21359/pesquisa-revela-que-saude-mental-dos-professores-piorou-em-2022. Acesso em: 17 ago. 2023.

também apoios emocionais, buscando oferecer suporte e compreensão durante um período de grande angústia.

No entanto, essa dedicação incansável à saúde emocional de seus alunos muitas vezes teve um preço alto para os próprios educadores. A pressão emocional acumulada, aliada às incertezas da pandemia e ao medo constante de contaminação, resultou em um impacto significativo em sua saúde mental. Sentimentos de ansiedade, estresse e desgaste emocional tornaram-se companheiros constantes, deteriorando gradualmente o seu bem-estar.

Considerando todos esses aspectos, muitos professores perguntam: "Quem cuida do professor? Quem cuida daquele que cuida das nossas crianças e jovens? Quem cuida do seu equilíbrio emocional, suas dores e dificuldades, seus medos e receios?".

E como manter a motivação para seguir em frente e continuar sendo um educador excelente diante de tantos desafios? Como continuar exercendo esta missão tão edificante e transformadora?

Como manter o bem-estar e o equilíbrio emocional do professor, o fortalecimento da autoconfiança, do foco, da autoestima, da automotivação e do controle das emoções, para ultrapassar os limites das dificuldades individuais e colocar em prática todo seu imensurável potencial?

Muitas das queixas – na verdade, gritos de socorro – que recebo nos encontros e nas palestras com os professores e educadores são sobre eles estarem vivendo uma vida distante daquilo que eram seus sonhos e objetivos.

Muitos dos educadores que me escrevem estão sobrecarregados, experimentando sentimentos de frustração, insatisfação e acomodação em uma vida que é só a sombra daquilo que imaginavam e desejavam para si mesmos. Pior, eles não têm a força necessária para mudar esse cenário, estão sem energia, desmotivados e exaustos.

Compartilho, a seguir, alguns dos relatos que recebi depois de minhas palestras e nas minhas redes sociais.

"Professor Eduardo, carrego dentro de mim talentos e potenciais que querem ser despertados e utilizados. No entanto, me sinto presa em um emaranhado de dúvidas e incertezas, sem saber qual caminho seguir. Essa sensação de desconexão com minha própria essência é muito ruim, como se estivesse desperdiçando preciosos dons que poderiam fazer a diferença."

(Maria, professora de Minas Gerais)

Quem cuida do professor? Quem cuida daquele que cuida das nossas crianças e jovens? Quem cuida do seu equilíbrio emocional, suas dores e dificuldades, seus medos e receios?

"Eduardo, muitas dúvidas estão tirando minha alegria de viver. Eu não acredito em mim mesma, me sinto incapaz de enxergar meu próprio brilho. A confiança desaparece e a sensação de não ser merecedora se intensifica. É um fardo pesado de autossabotagem que eu carrego."

(Alice, professora de Pernambuco)

"Professor, me sinto prisioneiro em um mundo onde a mudança parece impossível. A sensação é de impotência, como se não houvesse saída, como se o sistema estivesse além de qualquer transformação. O desânimo toma conta de mim, roubando a esperança de um futuro melhor."

(João, professor do Rio Grande do Sul)

"Professor, minha autoestima está em frangalhos, dilacerada pelas turbulências emocionais que enfrento. Me sinto despedaçada, sem saber como reconstruir minha confiança que se perdeu. Meu diálogo interno é duro, desamoroso e me sufoca."

(Margarida, professora de Mato Grosso)

"Eduardo, quem estende seus braços para abraçar a professora cansada? Quem oferece um ombro acolhedor diante das dificuldades que ela enfrenta? É a sensação de que não há apoio nem amparo no meu caminho."

(Professora Armandinha, no Dia do Abraço)

Essas pessoas de alguma forma representam os sentimentos de muitos e esse mal-estar é algo importante que contamina não só o próprio trabalho, mas todos os aspectos de suas vidas.

É por Maria, Alice, João, Margarida, Armandinha e todos os professores e educadores que escrevi este livro, que representa um momento de cuidado, carinho e atenção por todos que dedicam a vida à educação. Eu sei que juntos podemos encontrar saídas e podemos retomar, recomeçar, replanejar e redefinir o caminho dos educadores no nosso país.

O amor que dedicamos à nossa missão também deve estar presente no cuidado pessoal e na atenção que damos às nossas necessidades e emoções. Precisamos nos acolher mais para sermos imparáveis no caminhar pela vida pessoal e profissional.

Neste livro, o ponto de partida é o ser humano, suas necessidades, seus desejos, suas paixões e emoções. Nessa leitura, quero caminhar com você de mãos dadas, juntos, como se estivéssemos lado a lado, sentados ao redor de uma mesa, tomando um café enquanto conversamos e interagimos, criando um contexto muito especial que é a união das palavras do livro e dos seus conhecimentos e reflexões pessoais, para gerar algo mágico e único dentro de você.

Aqui, exploro temas sobre as competências socioemocionais, compartilho reflexões e proponho exercícios que têm como base os estudos da neurociência para retomar energia, entusiasmo, significado à própria missão e valor à própria vida, além de ser um instrumento importante também em sala de aula.

O cuidado com o outro e com nossos alunos não deve nos levar a esquecer do cuidado com nós mesmos.

A valorização do fator emocional na vida do educador não deve ser encarada como um luxo ou uma opção secundária. É um investimento vital para garantir que o professor continue exercendo seu papel fundamental na formação de gerações futuras.

Que possamos aprender com os desafios que enfrentamos todos os dias como educadores e transformá-los em oportunidades para fortalecer o lado emocional. Isso, aliado ao autocuidado, são as maneiras mais efetivas de recuperarmos a autoestima, o entusiasmo e o sentido naquilo que fazemos, além de vermos novamente a beleza e reconhecermos a importância do nosso trabalho.

A mudança é possível e necessária, lembrando que o ponto importante não é escolher mudar ou não – afinal, tudo se transforma continuamente e esse processo é inevitável –, mas, sim, sermos protagonistas de nossas ações, e não passivos e coadjuvantes em nossa própria vida. Podemos utilizar nossa força criativa e criadora para direcionar nossas escolhas e resultados e nos reapropriar do nosso direito à realização e felicidade.

Por isso, nosso caminho neste livro será de fortalecimento das emoções, do próprio potencial, do poder pessoal que utilizaremos para agir, criar, realizar e manifestar os objetivos desejados. Sim! Podemos aprender a cuidar de nós mesmos, nos amar e nos realizar plenamente, com entusiasmo e vigor, e, dessa forma, poderemos transmitir tudo isso também aos nossos alunos.

Este é um livro-guia, como gosto de chamá-lo, para um caminho de autocuidado e também um convite para respirar novamente ar puro, perceber intensamente sua força vital e degustar a plena expressão da sua essência.

Para tornar essa experiência ainda mais profunda e enriquecedora, adotei uma abordagem inovadora inspirada pelo ensino híbrido, que nos permitirá interagir de maneira especial. Ao final de cada capítulo, você encontrará um QR Code, para recapitular os principais tópicos e acessar uma meditação guiada para conduzir você por uma experiência especial de empoderamento pessoal. Minha missão é guiá-lo nessa jornada emocionalmente intensa, iluminando os pontos de aprisionamento. Com coragem e determinação, você será convidado a explorar suas emoções e viver uma vida plena, repleta de recursos, com toda sua intensidade, valor, amor, realização e felicidade.

CAPÍTULO 1
O DESEQUILÍBRIO DA FORÇA VITAL

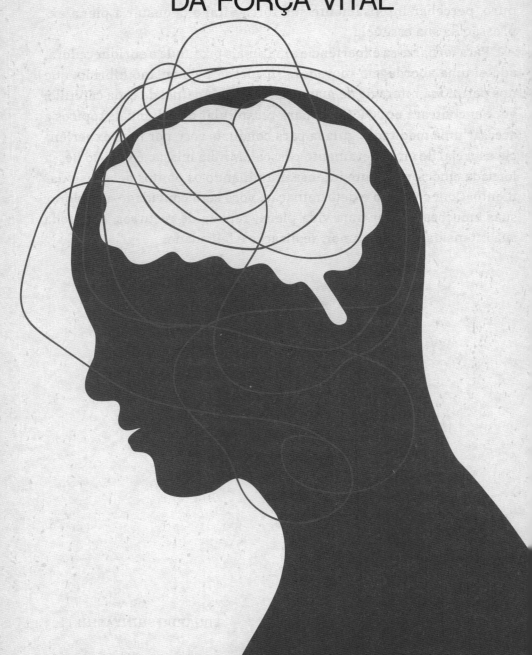

> "Se tudo isso existe, então eu sou. Mas por que esse mal-estar? É porque não estou vivendo do único modo que existe para cada um de se viver e nem sei qual é. Desconfortável. Não me sinto bem. Não sei o que é que há. Mas alguma coisa está errada e dá mal-estar."
>
> Clarice Lispector[6]

Os fatores de insatisfação e mal-estar do professor são concretos como as condições físicas do ambiente escolar; a desorganização institucional; o aumento da violência contra educadores; as relações com gestores, colegas e alunos; a alteração da estrutura familiar; a sobrecarga de trabalho; as jornadas duplas e triplas; a baixa remuneração; as constantes mudanças do papel do professor; a ausência de reconhecimento e valorização; os julgamentos dos pais e as cobranças da sociedade; as modificações metodológicas, entre outros, que levam a um excesso de demandas não fáceis de gerir.

A profissão de professor é muito mais do que apenas transmitir conhecimento. É um chamado para moldar mentes, inspirar e guiar gerações futuras. No entanto, frequentemente esquecemos dos riscos físicos, mentais e emocionais que os professores enfrentam diariamente.

As pesquisas sinalizam a gravidade da situação. A Organização Internacional do Trabalho (OIT), já em 1981, reconhecia o trabalho do professor como uma profissão de risco físico, mental e emocional.[7] Essa afirmação por si só é impactante e merece nossa atenção.

O risco físico pode se manifestar através de condições precárias nas escolas, onde os professores trabalham em salas lotadas, com falta de recursos e infraestrutura inadequada. Eles estão expostos a ambientes insalubres, com risco de acidentes, doenças ocupacionais e agressões físicas.

Além disso, os educadores enfrentam um risco mental e emocional significativo. Lidar com turmas numerosas, comportamentos desafiadores e até mesmo situações de violência pode causar estresse crônico e

---

6. LISPECTOR, C. **Água viva**. Rio de Janeiro: Rocco, 1998.
7. SANTOS, V. M. G. *et al*. Stress: fator influente na qualidade de vida dos professores do Ensino Fundamental. **International Stress Management Association (ISMA-BR)**. Disponível em: https://www.ismabrasil.com.br/trabalho/17. Acesso em: 10 ago. 2023.

A profissão de professor é muito mais do que apenas transmitir conhecimento. É um chamado para moldar mentes, inspirar e guiar gerações futuras.

exaustão emocional. A pressão para atender às expectativas de alunos, pais e sistema educacional muitas vezes agrava ainda mais a situação.

É essencial que reconheçamos o valor inestimável dos professores e cuidemos de sua saúde física, mental e emocional. Devemos oferecer condições de trabalho adequadas, suporte emocional e oportunidades de desenvolvimento profissional.

Precisamos criar um ambiente em que os professores se sintam valorizados, respeitados e apoiados. Eles merecem ser reconhecidos como os protagonistas principais, dedicados a moldar o futuro através da educação.

O cotidiano de muitos educadores se tornou uma realidade que desencanta, desmotiva e agride o seu íntimo. Nas falas de muitos, encontro o desamparo, o desamor e a desvalorização.

Diversas vezes o professor utiliza todas as suas capacidades físicas, mentais e emocionais no seu trabalho, com um enorme esforço, sem perceber a necessidade de se cuidar e equilibrar suas emoções, até ter sintomas como ansiedade, angústia, síndrome do pânico, esgotamento físico e mental.

Tantos me escrevem expondo suas desilusões e angústias, como a Fernanda, educadora de Salvador: "Eduardo, é como se eu tivesse sempre uma sensação de fundo de insatisfação, como se estivesse perdendo alguma coisa essencial da minha vida, não sei bem o quê. Mas não encontro mais sentido para aquilo que estou fazendo, não estou feliz, me sinto prisioneira da angústia, da pressão interna e externa, estou com vontade de desistir da docência".

Muitos se declaram incapazes de enfrentar as circunstâncias do cotidiano, com medo e sem ânimo para viver, sentindo-se derrotados antes mesmo de começar um desafio.

Isso leva a pessoa a agir de maneira mecânica, automática, fechando as emoções e o sentir, sem percepção de si mesmo e do seu poder pessoal, e sem saber por que faz determinadas ações e escolhas, sentindo-se sem poder de mudar as coisas e de influenciar a realidade com suas decisões.

Não encontram mais significado naquilo que estão fazendo e o nível de consciência se torna baixo. Não acreditam mais que podem participar do curso dos acontecimentos da própria vida e ser protagonista da mesma.

Os educadores possuem a sensação de que são marionetes, sem forças para orientar as próprias escolhas, e isso lhes traz um cansaço, um desânimo, uma falta de alegria que apaga aos poucos o brilho nos olhos e o prazer de viver.

"Professor", escreve Geovana, "além de todas as causas de estresse diário que enfrentamos, o ano de 2020 nos trouxe uma pandemia terrível, potencializando a ansiedade, a incerteza, a insegurança, o isolamento e o estresse. Como resultado, nossas emoções se desequilibraram: a irritabilidade, a reatividade e o medo tomaram conta de nós. A resiliência humana foi posta à prova, e nossa capacidade de adaptação foi levada ao limite."

Edgar, educador de Belém, complementa em sua mensagem: "Cada passo que dou na vida é uma batalha árdua. Equilibrar o casamento, os filhos, as demandas familiares e as contas me sufoca. E ainda assim, chego à escola para enfrentar desafios complexos, as cobranças exaustivas, a falta de motivação dos alunos e as pressões dos pais. Estou cansado e sem esperança nesse turbilhão de responsabilidades".

E Cinthia, educadora de São Luís, relata: "Na agitação da vida, perco-me entre as demandas da rotina. É difícil me valorizar e acreditar em minha capacidade de fazer a diferença na vida dos alunos. Enfrento obstáculos diários, lido com a falta de apoio e minha própria insegurança. Preciso encontrar forças para resgatar minha confiança perdida".

Lendo esses pedidos de ajuda, as perguntas que surgem naturalmente são: como superar o que está bloqueando as próprias capacidades e habilidades de realizar os propósitos e os anseios da alma, vencendo os desafios internos para se preparar e enfrentar os desafios externos que a vida naturalmente oferece a todo ser humano? Como buscar os recursos internos e soltar as amarras que impedem de nos movimentar pela vida com leveza, alegria e merecimento? Quais são os fatores internos que destroem o nosso bem-estar, desequilibrando nossos alicerces? O que precisa ser feito? Qual a mudança de rota necessária? Como retomar a energia vital que parece estar desaparecida? Como acessar novamente aquela força criativa e criadora que nos move com entusiasmo em direção à vida que sonhamos e aos nossos objetivos?

Muitas são as perguntas, e podemos, em síntese, organizar a retomada da força vital na integração de três contextos, que exploraremos neste livro-guia, que se entrelaçam mutuamente em um movimento colaborativo, sinérgico e integrado: **o equilíbrio entre emoções, mente e corpo**.

Os exercícios e reflexões que você encontra aqui são direcionados a libertar limitações, para construir uma nova narrativa no presente, criando um espaço interno de segurança, paz e amor por si mesmo.

O trabalho do professor é um trabalho de interação de um ser humano com outro, ou seja, um trabalho essencialmente relacional que vai além dos aspectos didáticos e pedagógicos. Antes de sermos professores, somos pessoas.

PARA LER E REFLETIR

"A vida não é infinita e ninguém pode vivê-la por você. Sua vida é única. Cuide bem dela e de você."
Eduardo Shinyashiki

Acesse o QR Code para um resumo do capítulo e uma meditação guiada:

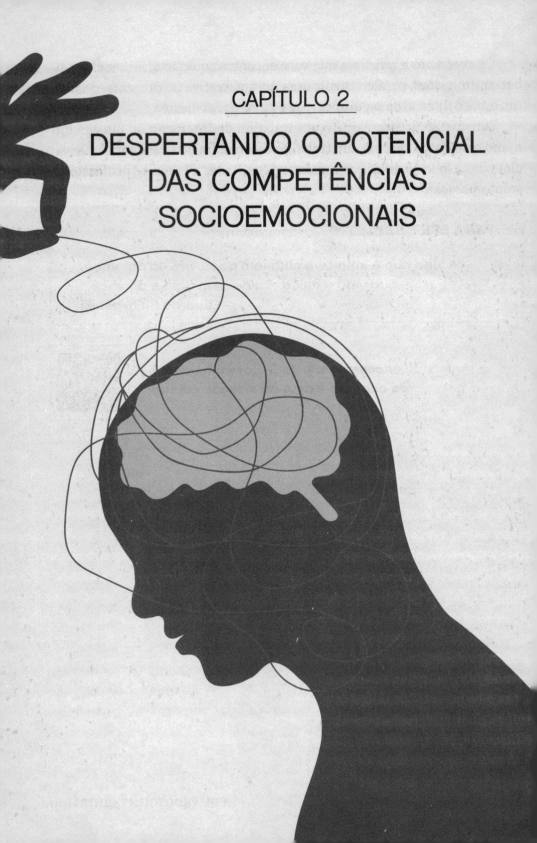

OS ALICERCES PARA UMA VIDA PLENA E UMA EDUCAÇÃO TRANSFORMADORA

> "Para que tanto conhecimento científico se as pessoas não estão se sentindo bem?"
>
> Candace Pert [8]

Na pergunta acima, a neurocientista Candace Pert nos faz pensar na importância da conexão entre corpo, mente e emoções, no seu livro *Molecules of Emotion*.

Para se tornar um ser humano pleno, feliz e realizado, não basta ter conhecimento científico e técnico se lhe faltam autoconhecimento e competência socioemocional. Há décadas que as neurociências e os estudos sobre as competências emocionais nos ensinam que é essa a nossa parte responsável pela tomada de decisões.

Investigações mais recentes feitas no domínio do funcionamento cerebral evidenciam a impossibilidade de separar "racionalidade" e "lógica" das "emoções". Os conhecimentos se fixam no cérebro junto com as emoções. Lev Vygotsky destaca que as reações emocionais exercem uma influência fundamental em todas as formas de nosso comportamento e em todos os momentos do processo educativo, e que, "se quisermos que os alunos recordem melhor ou exercitem mais seu pensamento, devemos fazer com que essas atividades sejam emocionalmente estimuladas"[9].

Os processos que eram considerados essencialmente do campo do "pensar" são agora compreendidos como aqueles nos quais os aspectos cognitivos e emocionais trabalham em sinergia.

Muitos dos elementos da aprendizagem estão relacionados com as competências emocionais e sociais que se tornam essenciais para o sucesso do processo de aprendizado da criança – não só na escola, mas também no futuro, quando estará vivendo a sua vida adulta.

---

8. PERT, C. B. **Molecules of Emotion**: Why You Feel the Way You Feel. London: Scribner, 2010.
9. VYGOTSKY, L. S. **Psicologia pedagógica**. São Paulo: WMF Martins Fontes, 2004.

Sabemos que o mercado de trabalho, por exemplo, exige, além do conhecimento técnico, outras qualidades como a flexibilidade, a autonomia, a responsabilidade e a capacidade de comunicação – todas habilidades que favorecem a prática da resolução de problemas e da tomada de decisões.

O desenvolvimento das competências pessoais, sociais, cognitivas e produtivas é um conceito fundamental da prática docente com base em *Educação: um tesouro a descobrir*, um relatório da Comissão Internacional sobre Educação para o Século XXI coordenado por Jacques Delors, em 1996, para a Unesco[10] e serve de alicerce para a expansão das possibilidades de perceber, reconhecer e construir uma nova abordagem de educação solidária, pautada no desenvolvimento humano.

Um dos pontos mais importantes destacados no relatório é a visão ampliada da educação, que vai além da mera transmissão de conhecimentos acadêmicos para se tornar um processo abrangente, que desenvolve não apenas habilidades cognitivas, mas também competências socioemocionais.

Além disso, diante do processo acelerado da utilização da tecnologia e inteligência artificial na educação, o desenvolvimento das habilidades socioemocionais se torna cada vez mais relevante e essencial para fortalecer nos alunos os aspectos que definem a nossa humanidade, como empatia, responsabilidade, cooperação, autoestima, flexibilidade, resiliência e equilíbrio emocional.

Essas competências são fundamentais para o desenvolvimento integral dos indivíduos e, ao longo dos anos, fui cada vez mais aprofundando esse conceito até organizar quatro grupos que nos guiam em direção a uma educação significativa e transformadora, em que cada pessoa pode obter o seu poder de ser único e ser o criador da sua realidade de maneira ecológica e sistêmica. **Ecológica** no sentido de cuidar do equilíbrio interno de todas as nossas partes – corpo, mente e emoções – e também do equilíbrio externo das nossas relações; **sistêmica** no sentido de nos perceber e agir no contexto em que nos encontramos

---

10. DELORS, J. **Educação**: um tesouro a descobrir, relatório para a Unesco da Comissão Internacional sobre Educação para o século XXI (destaques). **UNESDOC Digital Library**, jul. 2010. Disponível em: https://unesdoc.unesco.org/ark:/48223/pf0000109590_por. Acesso em: 14 ago. 2023.

e com as pessoas envolvidas, reconhecendo que somos parte de um "todo" que se influencia reciprocamente.

Apresento os quatro grupos das competências socioemocionais a seguir:

1. **COMPETÊNCIAS PESSOAIS**: são habilidades necessárias para aprender a ser e se reconhecer, aceitar e valorizar, assim como ampliar os conhecimentos acerca de si mesmo para superar medos e limitações, favorecendo o resgate da autoestima, da autoaceitação, da autoconfiança e do autoconhecimento para alcançar a autonomia e o protagonismo.

   As competências pessoais incluem: inteligência emocional e conceitos de autoconsciência, autocuidado, autoestima, autoeficácia, autoliderança, gestão das emoções e autorresponsabilidade.

2. **COMPETÊNCIAS SOCIAIS**: são habilidades necessárias para aprender a viver junto com os outros com atitudes solidárias, cooperativas e construtivas. Dominar essas competências é fundamental para construir pontes entre as pessoas e promover uma comunicação mais efetiva, evitando mal-entendidos e conflitos diários, além de estabelecer relações de confiança, colaboração e respeito.

   As competências sociais incluem: comunicação, relacionamentos, empatia, colaboração, cooperação, valores humanos, trabalhos em equipe e respeito à diversidade.

3. **COMPETÊNCIAS COGNITIVAS**: é o exercício de aprender a aprender, como forma de beneficiar-se dos conhecimentos, de compreender o mundo que nos rodeia, de desenvolver capacidades críticas e reflexivas de discernimento e resolução de problemas. São competências importantes que nos ajudam a direcionar o foco para as soluções, em vez de nos prender aos problemas.

   As competências cognitivas incluem: aprendizagem ativa, visão sistêmica, planejamento, agilidade de pensamento, pensamento criativo e crítico, reflexão, resolução de problemas, repertório cultural, argumentação, pensamento abstrato e cultura digital.

Para se tornar um ser humano pleno, feliz e realizado, não basta ter conhecimento científico e técnico se lhe faltam autoconhecimento e competência socioemocional.

4. COMPETÊNCIAS PRODUTIVAS: são habilidades necessárias para pôr em prática os conhecimentos, a ação, o fazer e o realizar. As competências produtivas incluem: projeto de vida, inovação, iniciativa e proatividade.

Todas essas qualidades, quando associadas aos conhecimentos técnicos e teóricos, oferecem o diferencial que cada pessoa pode obter, ou seja, o seu poder de ser único e de construir sua realidade com mais segurança, autoestima, autoconfiança e empatia, contribuindo, assim, com todos ao seu redor, construindo relacionamentos saudáveis e significativos, inclusive consigo próprio.

É claro que para nós, educadores, é urgente expandir e fortalecer nossas competências socioemocionais, pois, como dito anteriormente, elas são as bases das competências cognitivas e produtivas, os alicerces para despertar o próprio potencial, alcançar um novo patamar na vida pessoal e profissional e se tornar um líder inspirador. Além disso, são elas que fundamentam os alicerces da Base Nacional Comum Curricular (BNCC), uma das diretrizes mais importantes para a nossa categoria profissional.

Falando do âmbito profissional, essas habilidades fazem com que o educador se torne um agente de transformação, promovendo uma cultura de colaboração, comunicação efetiva e respeito à diversidade.

Um educador com habilidades socioemocionais desenvolvidas estabelece uma relação de confiança e empatia com os alunos, promovendo um ambiente acolhedor e propício ao aprendizado. Ele reconhece as necessidades individuais dos alunos, respeita suas diferenças e cria estratégias pedagógicas que atendam à diversidade de estilos de aprendizagem. Além disso, o educador auxilia os estudantes no desenvolvimento de suas próprias habilidades socioemocionais, preparando-os para lidar com suas emoções, comunicar-se eficazmente, estabelecer relacionamentos positivos e desenvolver seu protagonismo. Ele também previne o bullying e promove um ambiente seguro e inclusivo, estando atento aos sinais de conflito entre os estudantes e orientando-os na resolução pacífica de problemas. Ao valorizar e desenvolver as competências socioemocionais, o educador contribui para a formação de cidadãos responsáveis, éticos e preparados para enfrentar os desafios da vida em sociedade.

Ao investir no desenvolvimento dessas competências, os educadores desempenham um papel essencial na formação de indivíduos conscientes, capazes de enfrentar os desafios do século XXI e de construir um futuro melhor para si mesmos e para a sociedade em geral.

PARA PRATICAR: POTENCIALIZANDO O SEU AUTOCONHECIMENTO

A competência socioemocional essencial para construir de modo eficaz as outras competências é a consciência das próprias emoções, que, por sua vez, é o autoconhecimento.

Neste momento quero pedir que você se conecte com um evento limitante que vivenciou no passado e, lembrando do fato, responda para si mesmo as seguintes perguntas:

1. O que senti naquele momento?
2. Qual é o nome daquela emoção?
3. Como o meu corpo reagiu?
4. Quais eram os meus pensamentos?
5. Qual era o meu diálogo interno?
6. Como eu reagi naquele momento?
7. Qual é a lição que eu posso trazer daquela experiência para a minha vida?

Lembrando que lição é tudo aquilo que nos faz crescer. Observe o que você pode fazer com a lição daquele evento para ser mais forte e feliz emocionalmente hoje e sempre.

36 | CUIDAR DE QUEM EDUCA

PARA VER E REFLETIR

O pior vizinho do mundo, dirigido por Marc Forster[11]

Esse filme, estrelado por Tom Hanks, nos leva a refletir sobre as relações interpessoais, movimentos dinâmicos e estritamente interligados que têm suas bases nas competências socioemocionais.

No filme, podemos ver como o ser humano evolui na relação dialética com o outro e nas relações sociais.

Acesse o QR Code para um resumo do capítulo e uma meditação guiada:

---

11. O PIOR vizinho do mundo. Direção: Marc Forster. Estados Unidos: Columbia Pictures, 2022. (2h07min)

CAPÍTULO 3
A JORNADA DA INTELIGÊNCIA EMOCIONAL

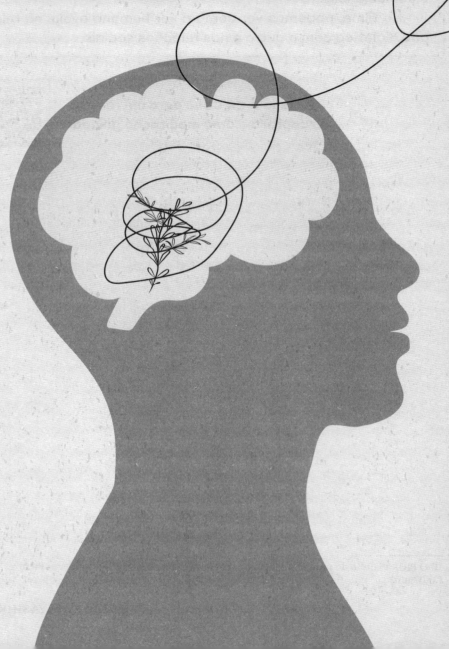

> "As pessoas são como vitrais coloridos: cintilam e brilham quando o sol está do lado de fora, mas quando a escuridão chega, sua verdadeira beleza é revelada apenas se existir luz no interior."
> Elisabeth Kübler-Ross, psiquiatra suíça[12]

Até o início dos anos 1980, a definição e o conceito de inteligência eram amplamente aceitos como a capacidade de obter sucesso acadêmico e, consequentemente, na vida. No entanto, esse conceito passou por mudanças e variações após novas descobertas nos campos da neurociência e psicologia.

As perspectivas iniciais de Howard Gardner e Robert Sternberg permitiram que outros dois pesquisadores avançassem em direção ao conceito de inteligência emocional: os psicólogos estadunidenses Peter Salovey e John D. Mayer entenderam que, além dos aspectos sociais e pessoais abordados pelos pesquisadores anteriores, havia uma dimensão que ia além do modelo tradicional de percepção. Eles concluíram que as emoções também deveriam ser consideradas quando se trata de inteligência. Assim, em 1990, desenvolveram o conceito de inteligência emocional.

Salovey e Mayer descreveram a inteligência emocional como "a habilidade de perceber e distinguir nossos próprios sentimentos e emoções, bem como os sentimentos e emoções dos outros, e usar essas informações como guia para nossas ações e raciocínio".[13]

Apesar da descrição inicial feita por Salovey e Mayer, o conceito de inteligência emocional só se tornou amplamente conhecido pelo público em geral cinco anos depois, em 1995, com a publicação do livro *Inteligência emocional* por Daniel Goleman.[14] Ele definiu esse conceito como "a capacidade de reconhecer nossos próprios sentimentos e os dos outros, motivar-nos e gerenciar nossas emoções, tanto internamente quanto em nossos relacionamentos".

---

12. KÜBLER-ROSS, E. **Pensador**. Disponível em: https://www.pensador.com/frase/NzU1MzMw/. Acesso em: 14 ago. 2023.

13. BRACKETT, M.; DELANEY, S.; SALOVEY, P. Emotional Intelligence. **Noba**. Disponível em: https://nobaproject.com/modules/emotional-intelligence. Acesso em: 14 ago. 2023.

14. GOLEMAN, D. **Inteligência emocional**: a teoria revolucionária que redefine o que é ser inteligente. Rio de Janeiro: Objetiva, 1996.

Em 1997, Salovey e Mayer revisaram a definição de inteligência emocional, fornecendo maior precisão ao conceito, que passou a ser descrito como a habilidade de perceber, apreciar e expressar corretamente nossas emoções; a capacidade de sentir e/ou gerar emoções que facilitem nosso raciocínio; a habilidade de compreender as emoções e o conhecimento emocional; e a habilidade de gerenciar nossas próprias emoções para promover o crescimento emocional e intelectual.

Ao longo do caminho, em 1996, o psicólogo Daniel Chabot tomou conhecimento do conceito de inteligência emocional enquanto escrevia um trabalho sobre emoções e adaptação no Ensino Médio. Dois anos depois, em 1998, Chabot publicou *Cultive sua inteligência emocional*[15] com o objetivo de tornar os conceitos da inteligência emocional mais compreensíveis para o público em geral.

Observando essa linha do tempo, podemos perceber que as emoções, a afetividade e seus respectivos papéis nas funções cognitivas foram, por muito tempo, negligenciadas – tanto no âmbito educacional quanto na vida das pessoas.

A inteligência emocional é fundamental para o autoconhecimento, o desenvolvimento pessoal, o sucesso em nossos projetos e a realização em carreiras e relacionamentos. Hoje em dia, cada vez mais, a importância das emoções em nossos comportamentos, cognições e aprendizado está sendo comprovada.

Fica claro que o sucesso profissional e pessoal não se resume apenas à formação acadêmica, mas que existe outro componente fundamental nessa fórmula: é preciso ter a capacidade de lidar com as próprias emoções e saber conviver com as outras pessoas, principalmente nos momentos de pressão.

Vamos, então, explorar juntos algumas competências e atitudes principais no aprimoramento da inteligência emocional, exemplificando como elas se aplicam tanto em sua vida pessoal quanto profissional.

AUTOCONSCIÊNCIA E AUTOCONHECIMENTO

É o conhecimento das próprias emoções, percebendo como e quando elas acontecem em nossa vida e os impactos que geram. A autoconsciência

---

15. CHABOT, D. **Cultive sua inteligência emocional**. Rio de Janeiro: Pergaminho, 1998.

é também auto-observação e autoavaliação para reconhecer suas capacidades e limitações, seus pontos fortes e fracos.

Exemplos

1. Imagine que você esteja vivenciando um momento de pressão e caos em sua vida pessoal. Talvez seja um conflito familiar, uma preocupação financeira ou uma situação desafiadora. Nesse momento, a autoconsciência se faz essencial. Você precisa reconhecer suas próprias emoções, perceber como e quando elas acontecem e entender os impactos que geram em suas ações. Ao se observar com atenção, é possível identificar suas capacidades e limitações, seus pontos fortes e fracos, permitindo um maior equilíbrio nos seus sentimentos para enfrentar a situação de forma assertiva.

2. Da mesma forma, na sua vida profissional, quando você se encontra diante de uma sala de aula repleta de alunos com necessidades e personalidades diferentes, a autoconsciência também desempenha um papel crucial. Ao reconhecer suas emoções e reações diante de desafios e dificuldades, você se torna mais consciente de como esses sentimentos podem influenciar sua interação com os alunos. Essa consciência permite que você ajuste sua abordagem pedagógica, adaptando-se às necessidades emocionais dos alunos e promovendo um ambiente de aprendizado mais harmonioso.

GESTÃO DAS EMOÇÕES

É a capacidade de lidar com as emoções de maneira apropriada, sem nos deixar dominar e ser escravo delas. É saber administrar os seus sentimentos e manter o equilíbrio em situações desafiadoras, em mudanças e diante de ansiedade ou estresse, ou seja, é conseguir manter o autocontrole em situações de emoções intensas. A capacidade de gestão das emoções proporciona maior autoconfiança, autoestima, flexibilidade, adaptabilidade, coerência e inovação.

A capacidade de gestão das emoções proporciona maior autoconfiança, autoestima, flexibilidade, adaptabilidade, coerência e inovação.

Exemplos

1. Em sua vida pessoal, pode ser que você esteja enfrentando um período de mudanças e transições, o que pode desencadear sentimentos de ansiedade e estresse. Nesse momento, a habilidade de gerir as emoções se torna crucial. É necessário saber administrar essas emoções de maneira apropriada, sem permitir que elas o dominem ou se tornem um fardo. Ao manter o equilíbrio emocional diante dessas situações desafiadoras, você é capaz de tomar decisões mais acertadas e enfrentar as mudanças com maior resiliência.

2. No contexto profissional, durante um dia agitado na sala de aula, você pode se deparar com situações que exigem seu autocontrole em meio a emoções intensas. Por exemplo, um aluno pode apresentar um comportamento desafiador ou uma crítica inesperada pode ser feita sobre seu trabalho. Nesses momentos, a gestão das emoções se faz necessária para que você mantenha a calma, avalie a situação de maneira objetiva e tome decisões conscientes, promovendo um ambiente de aprendizagem mais harmonioso e produtivo.

AUTOMOTIVAÇÃO

É a capacidade de ativar as nossas emoções positivas como impulso para a ação. Na automotivação ativamos várias capacidades, como a de ir em direção à realização e à concretização dos nossos objetivos; o foco, a dedicação e o engajamento com o resultado; a capacidade de tomar a iniciativa e a liderança; o entusiasmo e o otimismo para acreditar em si mesmo e nos outros.

Exemplos

1. Pensando em sua vida pessoal, imagine que você tenha um objetivo ou um sonho que deseja alcançar. A automotivação é a capacidade de ativar suas emoções positivas como impulso para a ação. Ao cultivar o entusiasmo, o otimismo, acreditando em si mesmo, você se torna mais capaz de perseverar diante das dificuldades e persistir em direção à realização de seus objetivos pessoais.

2. Na vida profissional, a automotivação desempenha um papel fundamental em sua atuação como educador. Imagine que você esteja trabalhando em um projeto desafiador com seus alunos. A capacidade de se manter motivado, engajado e comprometido com o processo de ensino-aprendizagem é essencial para inspirar seus alunos e alcançar os resultados desejados. A automotivação impulsiona você a buscar a concretização dos objetivos educacionais, a manter o foco, a dedicação e a liderança em sua prática pedagógica.

COMPETÊNCIA RELACIONAL E EMPATIA

É o reconhecimento das emoções em outras pessoas, sua compreensão, consideração e a capacidade de harmonizar-se com as pessoas. É saber colocar-se no lugar dos outros para entendê-los.

Exemplos

1. No âmbito pessoal, imagine que você esteja vivenciando um momento de tensão em um relacionamento importante. A competência relacional e a empatia são fundamentais nesse contexto. Ao reconhecer as emoções do outro, colocar-se no lugar da pessoa e compreendê-la, você estabelece uma comunicação mais efetiva e cria um ambiente de respeito e harmonia. Essas habilidades permitem que você estabeleça relacionamentos mais saudáveis e empáticos, fortalecendo os laços interpessoais.

2. Na vida profissional, a competência relacional e a empatia são ainda mais cruciais. Em um ambiente escolar diverso, com alunos, colegas e pais com diferentes origens e experiências de vida, é essencial reconhecer e considerar as emoções dos outros. Ao praticar a empatia, você se torna um educador mais sensível às necessidades emocionais dos alunos, estabelecendo conexões mais significativas e promovendo um ambiente de aprendizagem acolhedor e inclusivo.

GESTÃO EFICAZ DAS RELAÇÕES INTERPESSOAIS
◇ COMPETÊNCIAS SOCIAIS

É a capacidade de flexibilizar os próprios comportamentos e atitudes em relação à percepção de nós mesmos e dos outros, para criar relacionamentos equilibrados, cooperativos e éticos. É saber ouvir e se comunicar de maneira eficaz, para compartilhar informações e ideias e, assim, mobilizar as pessoas, inspirá-las e trabalhar visando atingir objetivos comuns.

Exemplos

1. Na vida pessoal, imagine que você esteja envolvido em um projeto de grupo com amigos ou familiares. A gestão eficaz das relações interpessoais é crucial nesse contexto, já que essa habilidade permite a você ouvir atentamente e comunicar-se da melhor maneira possível, compartilhando, desse modo, sua visão acerca do projeto e mobilizando todos para trabalharem em direção a objetivos comuns.

2. Na esfera profissional, a gestão eficaz das relações interpessoais é um fator determinante para o sucesso de sua prática educacional. Imagine que você esteja liderando uma equipe de professores ou colaborando com outros profissionais da escola. A capacidade de ajustar seus comportamentos e atitudes, levando em consideração tanto a percepção de si mesmo quanto a dos outros, é fundamental para criar um ambiente de trabalho colaborativo e cooperativo. Ao saber ouvir, comunicar-se de modo eficaz e inspirar os outros, você mobiliza as pessoas em prol de objetivos comuns, promovendo um ambiente escolar mais harmonioso e efetivo.

O aprimoramento da inteligência emocional nos coloca em contato com nosso mundo interior, nossas necessidades, nossas aspirações e nossos sonhos, levando-nos a expressar e realizar o nosso potencial pessoal, proporcionando o estímulo certo para darmos o melhor de nós e aprimorarmos os relacionamentos com os outros.

Podemos treinar nossa inteligência emocional a fim de: potencializar a nossa consciência; manter o otimismo; controlar os sentimentos negativos; perseverar apesar das dificuldades e frustrações; e cooperar com os outros, com o objetivo de alcançar os resultados escolhidos, conquistar melhor qualidade de vida e construir mais alegria e realização – para nós mesmos e para aqueles que nos rodeiam.

Os últimos estudos científicos apontam que a inteligência emocional e as competências socioemocionais explicam tanto as dificuldades como o sucesso na aprendizagem e no desempenho na própria vida, pessoal e profissional, influenciando importantes resultados, como renda, saúde e participação social.[16]

Nesse sentido, a formação de professores deve orientar-se também nessa direção para desenvolver e fortalecer a autorrealização, com um nível apropriado de resiliência, elevando o autoconceito e a autoestima para sermos protagonistas das próprias ações e resultados.

Ser inteligente emocionalmente é conhecer a si mesmo e às suas emoções; é saber como utilizá-las a seu favor e compreender sua responsabilidade pelos papéis que precisa cumprir nos vários contextos em que está envolvido, tanto pessoal como profissionalmente.

Sermos professores emocionalmente competentes significa reconhecer o papel essencial dos sentimentos no processo de aprendizagem e saber identificar as nossas emoções. Quando chegamos nesse estado, somos capazes de fazer o mesmo com nossos alunos e outras pessoas ao nosso redor.

PARA PRATICAR: TREINANDO O AUTOQUESTIONAMENTO E A AUTO-OBSERVAÇÃO

No processo de fortalecimento da inteligência emocional, é importante se autoquestionar, se fazer perguntas. Aquilo que nos

---

16. CHERNYSHENKO, O. S.; KANKARAŠ, M.; DRASGOW, F. Social and Emotional Skills for Student Success and Wellbeing: Conceptual Framework for the OECD Study on Social and Emotional Skills. OECD Education Working Paper N. 173. **Organisation for Economic Cooperation and Development**, 25 abr. 2018. Disponível em: https://one.oecd.org/document/EDU/WKP(2018)9/En/pdf. Acesso em: 14 ago. 2023.

perguntamos reflete o que é importante para nós, nossas metas e objetivos que direcionam a qualidade da nossa vida. Nos questionar abre nossa mente e nos dá liberdade. Vamos lá?

1. Em uma folha de papel, escreva uma lista de quinze perguntas, de uma só vez, que naturalmente vêm à sua cabeça, que você gostaria de fazer a si mesmo. Pode usar perguntas com: O quê? Quando? Quem? Como? Onde? Por quê?

2. Podem ser perguntas práticas, por exemplo: Como faço para ganhar mais dinheiro? Por que meu relacionamento não funciona?

3. Ou podem ser perguntas mais introspectivas, como: Qual é minha missão? Como posso ser eu mesmo? Quais são os meus pontos fracos?

4. Agora que você terminou a lista das quinze perguntas, escolha as oito mais significativas para você, colocando-as em ordem de importância. Deixe as perguntas trabalharem dentro de você, não precisa encontrar logo uma resposta. Permita que elas entrem em sua mente e despertem algo mais profundo.

5. Faça uma reflexão com cada uma das perguntas (uma por dia, por exemplo): sente-se em um lugar tranquilo, tenha sua pergunta por escrito, faça algumas respirações profundas e leia algumas vezes sua pergunta. Deixe sua percepção sentir o que essa pergunta desperta em você, de modo livre. Mesmo que pareça sem sentido lógico, permita o fluxo de ideias e reflexões. Se a mente começa a se afastar do tema da pergunta, leia-a novamente algumas vezes, retome o foco.

As respostas vão aparecer, desvendando intuições e compreensões profundas, e resoluções criativas de problemas.

PARA PRATICAR: ANOTANDO AS SUAS PERCEPÇÕES DIÁRIAS

Tenha um caderno de anotações para escrever durante o dia seus questionamentos, suas ideias, reflexões e observações.

Deixe o fluxo da sua consciência se expressar e anote qualquer percepção e intuição.

Grandes cientistas, como Leonardo da Vinci, tinham o hábito de sempre carregar cadernos, nos quais anotavam tudo o que lhes interessavam, assim como intuições, questionamentos e ideias.

ORIENTAÇÕES PARA EXPRESSAR EMOÇÕES DE MANEIRA AUTÊNTICA E RESPEITOSA

Expressar emoções de modo autêntico e respeitoso é fundamental para uma gestão emocional eficiente. Isso envolve a capacidade de comunicar de maneira clara o que estamos sentindo, ao mesmo tempo que respeitamos os outros e mantemos um ambiente saudável de comunicação. Aqui estão algumas dicas sobre como realizar isso:

1. **Reconheça e identifique suas emoções**: antes de expressar suas emoções, é importante reconhecê-las e compreendê-las. Identifique qual é a emoção que está experimentando e como ela está afetando você.

2. **Escolha o momento adequado**: encontre um momento apropriado e um ambiente tranquilo para expressar suas emoções. Evite fazer isso em meio a situações estressantes ou em momentos em que a outra pessoa possa estar distraída ou ocupada.

3. **Seja claro e específico**: ao expressar suas emoções, seja específico sobre o que está sentindo. Use palavras que descrevam sua emoção de maneira clara e evite generalizações. Por exemplo, em vez de dizer "estou chateado", você pode dizer "estou me sentindo magoado com o que aconteceu".

4. **Utilize "eu" em vez de "você"**: ao expressar suas emoções, evite acusar ou culpar a outra pessoa. Em vez disso, foque em como você se sente. Use frases como "eu me sinto..." em vez de "você sempre...". Isso ajuda a evitar que a outra pessoa se sinta atacada e abre espaço para uma comunicação mais construtiva.

5. **Ouça atentamente**: a comunicação assertiva não é apenas sobre expressar suas emoções, mas também sobre ouvir o outro com empatia. Dê espaço para que a outra pessoa compartilhe seus sentimentos e esteja disposto a ouvir sem interromper ou julgar.

6. **Pratique a comunicação não violenta**: a comunicação não violenta é uma abordagem que visa resolver conflitos de modo construtivo e empático. Ela envolve expressar suas emoções de maneira honesta, porém sem atacar ou desrespeitar o outro. Aprenda a identificar suas necessidades e as necessidades da outra pessoa, buscando soluções que atendam ambas as partes.

7. **Use a linguagem corporal adequada**: além das palavras, sua linguagem corporal também transmite emoções. Esteja ciente de sua postura, expressões faciais e tom de voz. Tente manter uma postura aberta e relaxada, estabelecendo contato visual e adotando um tom de voz calmo e respeitoso.

8. **Pratique a empatia**: ao se comunicar, tente colocar-se no lugar da outra pessoa e compreender sua perspectiva. Isso ajudará a promover uma comunicação mais eficaz e a criar um ambiente de compreensão mútua.

Lembre-se de que a expressão emocional assertiva e respeitosa é uma habilidade que requer prática. Quanto mais você se familiarizar com essas técnicas e as colocar em uso, mais eficiente será em expressar suas emoções de maneira saudável e promover uma comunicação positiva em seus relacionamentos.

> **PARA VER E REFLETIR**
>
> *Soul*, dirigido por Pete Docter[17]
>
> Muitas vezes, parece que não temos domínio sobre nossas emoções, o que nos traz uma sensação de perda de controle sobre nós mesmos, nossas angústias, ansiedades e limitações. Isso pode nos transformar em "almas perdidas" – utilizando a metáfora usada no filme – até conseguirmos nos perguntar: "É desse jeito que eu quero me sentir? É assim que escolho viver? Estou satisfeito com a minha vida?".
>
> Esse início de autoquestionamento é o momento do despertar.

Acesse o QR Code para um resumo do capítulo e uma meditação guiada:

---

17. SOUL: uma aventura com alma. Direção: Pete Docter. Estados Unidos: Pixar Animation Studios, 2020. (1h40min)

CAPÍTULO 4
AS EMOÇÕES MOVEM O SER HUMANO

> "Todo o nosso conhecimento se inicia com sentimentos."
> Leonardo da Vinci[18]

"Eduardo," escreve a professora Patrícia, de Brasília, "uma das áreas mais abaladas emocionalmente pela pandemia é da educação. Para mim e muitos dos meus colegas, os desafios que enfrentamos naquele período foram gatilhos que desestabilizaram muito o nosso controle emocional, já na verdade em equilíbrio precário."

Isso que a Patrícia compartilhou é a base do que quero focar nestas páginas: a abertura de um espaço de escuta e de atenção em relação à avalanche emocional que sofre diariamente o professor, para que, juntos, sejamos capazes de nos tornar conscientes dessas emoções, ressignificá-las e transformá-las em nova energia de ação.

As emoções são fios invisíveis que dão direção à nossa existência. São fluxos de energia que nos impulsionam a agir, a nos expressar e a nos mover. Originada do verbo latim *emovere*, a palavra "emoção" significa "pôr em movimento"[19] e carrega consigo a energia que nos impulsiona à ação.

Como já dizia Vygotsky,[20] "cada minuto do homem está cheio de possibilidades não realizadas". E é por meio das emoções que o ser humano se "move" e se "motiva" à ação para poder concretizar as infinitas possibilidades na própria vida.

Vygotsky, nos seus estudos, salienta que o pensamento e o afeto fazem parte de um todo único e indivisível, que é a consciência humana. Ele evidencia a importância dos aspectos de afeto e amparo no processo de aprendizagem das crianças, defendendo que os alunos precisam, além de estudar cognitivamente as matérias, percebê-las e senti-las, pois aquilo que fundamentalmente nos move como seres humanos são as emoções.

---

18. DA VINCI, L. **Pensador**. Disponível em: https://www.pensador.com/frase/ODc3Nw/. Acesso em: 14 ago. 2023.

19. NUTED, Glossário AfetoAVA. Disponível em: http://nuted.ufrgs.br/oa/AfetoAVA/glossario.html. Acesso em: 14 ago. 2023.

20. VYGOTSKY, L. S. **Psicologia pedagógica**. São Paulo: WMF Martins Fontes, 2004.

Cientistas têm demonstrado que a competência emocional é a mais essencial entre todas as competências humanas. Isso porque, em nossa natureza mais profunda, somos seres afetivos, seres movidos por sentimentos.

O renomado neurocientista Joseph Ledoux, da Universidade de Nova York, revelou que o sistema emocional tem o poder de monopolizar todos os recursos do nosso cérebro.[21] As emoções têm o poder de assumir o controle de nossas funções cognitivas e perceptivas, podendo ditar o ritmo de pensamentos e ações. É mais fácil para uma emoção dominar nossos pensamentos do que os pensamentos dominarem as emoções.

Ledoux descobriu que, quando estamos tomados por inquietação, nossa capacidade de concentração e desempenho cognitivo é prejudicada. A ansiedade e o estresse se tornam obstáculos para a nossa atenção. Essa dinâmica ocorre porque a amígdala cerebral, o epicentro do nosso cérebro emocional, projeta conexões neurais para diversas áreas do cérebro, incluindo aquelas responsáveis por funções cognitivas superiores. No entanto, as projeções que partem dessas regiões cognitivas em direção à amígdala cerebral são escassas em comparação. Isso explica por que as emoções exercem um impacto tão profundo em nossos comportamentos e pensamentos.

Quem somos é, em grande parte, moldado pelas emoções que nos movem e motivam, que nos conduzem a agir e a buscar resultados.

As emoções são a força vital que nos impulsiona, são o combustível da nossa vida. Elas são a chama que nos faz sonhar, amar, ousar e conquistar coisas que a lógica e a racionalidade jamais permitiriam. Elas nos dão a energia e o ímpeto necessários para caminhar pela vida. Sem elas, a felicidade, a esperança e a compaixão seriam meras abstrações. No entanto, existem também emoções que nos causam sofrimento, lágrimas, raiva, medo, frustração e tristeza. São sentimentos que nos paralisam e prejudicam nossa capacidade de raciocinar e agir com clareza, levando-nos a comportamentos indesejados e resultados não almejados.

A conexão entre emoção e cognição é descrita também pela neurocientista americana e colaboradora de António Damásio, Mary Helen Immordino-Yang, que ressalta no seu livro *Emotions, Learning,*

---

21. LEDOUX, J. E. **O cérebro emocional**: os misteriosos alicerces da vida emocional. Rio de Janeiro: Objetiva, 1998.

and the Brain[22] que as emoções são a estrutura e a base da aprendizagem. Que a conexão entre emoção e cognição é tão profunda que é neurobiologicamente impossível construir memórias, pensamentos complexos ou tomar decisões significativas sem as emoções. Elas são o leme que orienta o pensamento do aluno, influenciando suas prestações e resultados na escola.

Uma emoção, por si só, não é positiva ou negativa. Todas as emoções são úteis em seu propósito. O que torna uma emoção positiva ou negativa é a forma como a expressamos e a vivemos.

Na realidade, são os acontecimentos, os fatos da vida, que podem ser difíceis e doloridos. As emoções servem para sobreviver, para nos informar o que se passa dentro de nós, o que sentimos e o que precisamos mudar, transformar, redirecionar ou evitar na nossa vida.

Por exemplo, o medo, em sua medida adequada, pode literalmente salvar nossas vidas em situações perigosas. Porém, quando ultrapassa seu limite funcional, transforma-se em pânico, sufocando-nos e impedindo-nos de agir e alcançar nossos objetivos.

Nossas emoções podem ser tanto limitações quanto recursos, dependendo de nossa habilidade em gerenciá-las e utilizá-las. Elas são guias indispensáveis em nossa jornada, fornecendo orientação para nossas mentes e corpos, influenciando nossas decisões e ações.

Porém, para conhecê-las precisamos primeiramente senti-las.

E esse processo nem sempre é fácil: muitas vezes tememos sentir emoções, especialmente aquelas que nos limitam. Buscamos meios de sufocá-las e afastá-las, pois não sabemos como lidar com elas. Nesse contexto, bloqueamos nossa capacidade de sentir, anestesiamos nosso ser e nos distanciamos da percepção de nós mesmos. Ao evitar a dor, a angústia e o sofrimento, também nos afastamos da possibilidade de sentir nossos desejos, nossas necessidades e o verdadeiro amor. A porta do sentir é fechada.

Sentir as emoções é como utilizar uma bússola interior que nos orienta na direção da vida que desejamos. Contudo, precisamos compreender o que nossas emoções estão nos comunicando. Ao bloqueá-las,

---

22. IMMORDINO-YANG, M. H. **Emotions, Learning, and the Brain**: Exploring the Educational Implications of Affective Neuroscience. New York: W. W. Norton & Company, 2015.

corremos o risco de nos encontrarmos em lugares indesejados, presos em situações e relacionamentos que não escolhemos e que não nos fazem felizes.

A competência emocional é essencial para navegarmos nesse mar de emoções. O problema não reside nelas em si, pois são naturais e necessárias; o verdadeiro desafio surge quando as mascaramos, confundindo-as sem perceber, como se seguíssemos um roteiro preestabelecido. Ou pior, quando as escondemos debaixo do tapete, acreditando ingenuamente que elas desaparecerão.

Mas a vida sempre joga luz no que está escuro e escondido. Se temos alergia à poeira, não adianta escondê-la debaixo do tapete, pois, mais cedo ou mais tarde, os sintomas se manifestarão. Precisamos sentir e compreender nossas emoções, pois cada uma delas possui um sentido específico. Elas são o combustível da nossa vida e, assim como qualquer grande força, devem ser gerenciadas com equilíbrio.

Aqueles que não dominam suas emoções limitantes ou destrutivas são, na verdade, controlados por elas, arcando com todas as possíveis consequências. Conhece alguém que permite que o medo tome decisões importantes em sua vida?

Emoções não devem ser reprimidas, mas sim compreendidas e educadas para que encontrem sua direção adequada de manifestação. É por meio delas que encontramos a verdadeira conexão com nós mesmos e com o mundo ao nosso redor. O caminho do autoconhecimento começa com abrir a porta do sentir.

PARA PRATICAR: AUTO-OBSERVAÇÃO

Que atitude constantemente tenho em relação a mim mesmo?

Como ser gentil e atencioso comigo e com as minhas necessidades?

O que me faz estar bem?

O que me faz estar mal?

PARA PRATICAR: AUTOCONSCIÊNCIA

Preencha as lacunas com as palavras que melhor correspondem às suas emoções:

Sinto-me triste por _____ ou quando _____.
Sinto-me culpado de _____ ou quando _____ ou por _____.
Sinto-me frustrado quando _____ ou por _____
Sinto raiva quando _____ ou de _____ ou por _____.
Sinto-me rejeitado quando _____ ou por _____.
Sinto ressentimento de _____ ou por _____.
Em seguida, responda:

O que aprendi com isso? Quais são as lições para a minha vida?

Por exemplo: se escrevi "me sinto culpado por ser indisciplinado", qual é a lição disso?

"Minhas ações têm consequências, preciso fortalecer a autorresponsabilidade."

Depois de reconhecer as lições e o aprendizado disso tudo, vá para um lugar onde você possa relaxar e permita-se afirmar e visualizar a seguinte declaração:
Eu deixo ir (uma das frases do exercício anterior) e permito que (uma qualidade) entre em minha vida.

Exemplo

Eu deixo ir **a tristeza por ter perdido o emprego** e permito que **a confiança** entre em minha vida.

56 | CUIDAR DE QUEM EDUCA

PARA VER E REFLETIR

O mínimo para viver, dirigido por Marti Noxon[23]

O filme nos faz refletir sobre os sofrimentos interiores, as dores da alma e as emoções incompreendidas, como o medo, a insegurança, o sentimento de incapacidade, a autoexigência, a autocrítica, o desamparo, a decepção de não ser o "melhor", o "ideal", o "mais especial", o "mais bonito".

Esses sentimentos confusos e difíceis de ser aceitos podem ser direcionados para o corpo, como no caso da protagonista, até que o encontro consigo acontece, o caminho do autoconhecimento começa a ser trilhado e a aceitação das próprias imperfeições e pontos de força se realiza. Então, a pessoa pode encontrar sua autoconfiança e amor-próprio, respeitando a si mesma e sua verdade.

COMPREENDER OS ESTÁGIOS EMOCIONAIS PARA REESCREVER NOSSA JORNADA INTERIOR

A personalidade de um indivíduo é formada, de modo geral, até seus 19 anos. O crescimento humano é um ciclo de desenvolvimento composto de etapas que se iniciam na infância e depois se repetem continuamente ao longo da vida, programando a forma como interpretamos e reagíamos aos acontecimentos.

Se olharmos para o desenvolvimento evolutivo do ser humano pelo foco da análise transacional, encontramos a teoria de Pamela Levin, especialista em desenvolvimento emocional, que em seus estudos divide esse processo de desenvolvimento em sete estágios emocionais.[24]

O primeiro estágio ocorre do nascimento até os 6 meses de vida da criança e nele o ser humano simplesmente existe, é o estágio do "Ser". Nesse período é importante o contato físico, receber carinho, afeto, cuidado, amparo, aceitação, proteção, nutrição e amor.

---

23. O MÍNIMO para viver. Direção: Marti Noxon. Estados Unidos: Netflix, 2017. (1h47min)
24. LEVIN, P. **Cycles of Power**: A User's Guide to the Seven Seasons of Life. Florida: HCI Books, 1988.

As emoções são a força vital que nos impulsiona, são o combustível da nossa vida.

O período dos 6 aos 18 meses corresponde ao estágio "Fazer", no qual tudo é novo para a criança que quer agir, fazer, explorar, experimentar. A curiosidade fica aguçada e a criança quer levantar-se, cheirar, tocar, ver, quer explorar o mundo ao seu redor e testar os próprios sentidos. É importante que ela se sinta reconhecida pelo que está fazendo.

O próximo estágio é o "Pensar" e acontece dos 18 meses aos 3 anos, correspondendo a uma fase de autoafirmação da criança, que quer ampliar um sentido de independência e individualidade para desenvolver um pensamento próprio e poder ser ela mesma. É fundamental que ela receba mensagens que transmitam permissão para crescer, para encontrar o próprio espaço, afirmar a própria unicidade e ser ela mesma.

Dos 3 aos 6 anos é o momento da "Identidade", em que a criança quer descobrir quem ela é e experimentar relacionamentos sociais. Nessa fase ela começa a construir a iniciativa e a autonomia, descobrindo o impacto do próprio comportamento em relação ao outro. Nesta etapa é fundamental que ela receba mensagens que transmitam proteção e incentivo para ter sua própria visão de mundo e testar sua identidade.

O estágio da "Habilidade" é vivenciado dos 6 aos 12 anos e é o período que a criança aprende novas habilidades, novas competências e começa a escolher os seus valores. Ela quer fazer coisas diferentes, quer fazer do seu jeito e começa a se relacionar com pessoas de fora do círculo familiar. É importante que ela receba mensagens de incentivo e apoio às suas capacidades.

Dos 13 aos 18 anos, o jovem experimenta mudanças corporais em todos os níveis (físico, mental e energético) e é o momento da "Regeneração", quando ele desenvolve sua filosofia pessoal, buscando encontrar o seu lugar no mundo adulto. Nesta fase, é importantíssimo que ele receba mensagens que transmitam permissão para reconhecer seus pensamentos, suas ideias, seus sentimentos e valores.

E, a partir dos 19 anos, inicia o momento de "Reciclagem", já que o indivíduo completou seu primeiro ciclo de desenvolvimento e sua personalidade está formada. Daqui para a frente podemos reescrever a nossa história, fortalecendo o autoconhecimento para redirecionar a rota, mudar as escolhas e decidir novas ações.

Podemos afirmar que em quase todas essas etapas o indivíduo encontra-se no período da escola, por isso é fundamental, como educadores, estarmos atentos ao desenvolvimento humano da criança e acompanhar e incentivar a estruturação das competências socioemocionais dos alunos, e os estágios emocionais do desenvolvimento ajudam nessa missão.

Nem sempre as pessoas passam pelos estágios de forma ideal, conseguindo ser protegidas, amadas, apoiadas e incentivadas, por isso a fase da Reciclagem é uma oportunidade para rever e reavaliar as etapas passadas, compreendê-las, transformá-las e ressignificá-las se necessário, atualizando eventualmente sua maneira de pensar, a percepção de si mesmo e do mundo ao seu redor, suas crenças e valores e se dar o que faltou em algum estágio.

Esse caminho que estamos fazendo juntos neste livro é um momento de ampla reciclagem, em que repercorremos as etapas do desenvolvimento com autocuidado por meio dos exercícios e das reflexões, ajustando o olhar, reavaliando aquilo de que necessitamos, buscando o que preenche nossa alma para tomar novas decisões e viver com a alegria e satisfação.

Acesse o QR Code para um resumo do capítulo e uma meditação guiada:

CAPÍTULO 5
AS EXPERIÊNCIAS DESESTABILIZADORAS

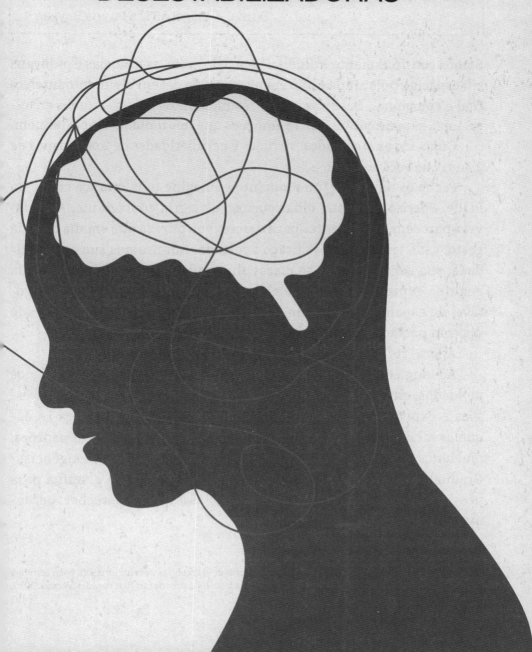

O ECO DAS EXPERIÊNCIAS DE DESAMOR, DESAMPARO E DESVALORIZAÇÃO

> "Um bebê nasce pronto para se conectar, pronto para ligar o que vê nos outros com o que faz e com o que sente por dentro. Mas e se esses outros apenas raramente entram em sintonia com o que ele precisa? E se, com frequência, os pais não estão disponíveis e o rejeitam?"
>
> Daniel J. Siegel e Tina Payne Bryson[25]

Somos continuamente influenciados pelo meio, as crianças e os jovens em especial, pois ainda estão em processo de desenvolvimento intelectual e emocional. Desde os primeiros momentos de vida, somos envoltos em um manto invisível de emoções que nos moldam e nos definem.

Quais são as qualidades, virtudes e peculiaridades de uma criança de 2 anos que você admira?

Feche os olhos por um momento e imagine uma criança com essa idade. Sorriso inocente, olhar curioso e alegria contagiante. As palavras parecem insuficientes para descrever a pureza que emana de cada gesto, cada risada e cada abraço apertado. Admiramos sua autenticidade, sua capacidade de se maravilhar com as pequenas coisas e sua genuína expressão de amor e alegria. Crianças são uma fonte inesgotável de espontaneidade, um verdadeiro exemplo de como viver cada dia com paixão e autenticidade.

Agora, reflita: **onde foi parar tudo isso na sua vida?**

Ao longo dos anos, algo mudou em você. De alguma forma, somos moldados, engessados, enquadrados e nos perdemos em meio às pressões e expectativas de tudo que está ao nosso redor. Lembra-se daqueles momentos em que começamos a ser enquadrados em padrões, moldados pelas expectativas alheias, cobranças, críticas e exigências? Gradualmente, fomos deixando de lado nossa essência genuína para nos adaptar ao que esperavam de nós. E assim, sem perceber, perdemos a nossa autenticidade.

---

25. SIEGEL, D. J.; BRYSON, T. P. **O cérebro da criança**: estratégias revolucionárias para nutrir a mente em desenvolvimento o seu filho e ajudar sua família a prosperar. São Paulo: nVersos, 2015.

Antes mesmo de ver a luz do mundo, já compartilhamos com nossa mãe alegrias, medos e anseios que permeiam sua existência. É um elo primitivo, mas profundo, que nos conecta às experiências emocionais desde o início dos tempos.

No entanto, assim que rompemos os limites do útero e nos lançamos nesse vasto universo desconhecido, somos confrontados com a realidade. É nesse momento que nossas sensações se solidificam, seja para o bem, seja para o mal, dependendo do que nos aguarda. A forma como somos recebidos no mundo e as experiências que vivenciamos se tornam a base de nossa jornada.

Dependendo do modo como a criança cresce e do contexto em que ela é criada – favorável ou não ao seu desenvolvimento –, ela poderá confirmar ou não as três experiências desestabilizadoras, de desamor, desamparo e desvalorização.

Se uma criança tem a sorte de crescer em um ambiente amoroso, em que suas necessidades são atendidas e seus cuidados são uma prioridade, ela floresce como uma flor rara, regada pelos raios de afeto e nutrida pela segurança emocional. Ela se torna resiliente, capaz de enfrentar os desafios da vida com confiança, pois foi abraçada pela ternura do amor.

Contudo, nem todas as crianças têm o privilégio de desfrutar desse contexto de amor e carinho. Algumas se encontram em um cenário desolador, em que o vazio do desamparo afeta suas experiências de vida. Sem alguém para estender a mão em sua direção, elas vagam por um caminho de incertezas, buscando em vão o amparo que lhes foi negado.

E há também aquelas cujas experiências se tingem de um tom sombrio de desvalorização. Suas vozes são abafadas, seus talentos são ignorados e seus esforços são subestimados. Essas almas preciosas lutam para encontrar seu lugar no mundo, constantemente questionando seu valor e buscando desesperadamente por um vislumbre de reconhecimento.

Ao longo da vida, podemos identificar essencialmente três experiências desestabilizadoras que podem influenciar negativamente o nosso caminhar: o desamor, o desamparo e a desvalorização – todas responsáveis por feridas profundas e cicatrizes emocionais que se arrastam ao longo de nossas vidas. São vivências desestabilizadoras que moldam nossas crenças sobre nós mesmos e sobre o mundo. Mas, apesar de seu impacto intenso, temos o poder de quebrar essas correntes emocionais e transcender as marcas deixadas pelo passado.

DESAMOR NA INFÂNCIA: A LUTA PELA PRÓPRIA IMPORTÂNCIA

O desamor acontece quando a criança não recebe atenção, carinho e amor, tendo sua presença ignorada.

Se experiências de desamor continuam acontecendo na vida da criança, ela começa a alimentar o medo da rejeição, ou seja, o de não ser aceita. Quando adulta, começa a desenvolver um padrão de ter que agradar sempre ao outro e, muitas vezes, passa dos seus próprios limites, fazendo tudo pelo outro e se esquecendo de si mesma.

Essas pessoas se impõem a situações de desamor, de não se dar aquilo que as fazem sentir vivas. Estão prontas para o sucesso e, apesar de os outros evidenciarem e reconhecerem o quão maravilhosas são, elas se sabotam para que o resultado não se manifeste na sua vida, confirmando que os outros não as amam.

Uma criança, quando tem a experiência do desamor, alimenta dentro de si uma sensação de não ser importante pelo que ela é em sua essência, mas percebe que pode ser valorizada dependendo do que faz ou deixa de fazer.

Muitas vezes o indivíduo cria um padrão negativo em busca de afeto, para "ser visto". Quando um ser humano experimenta o desamor, ele busca uma infinidade de ações e de comportamentos para receber atenção. E a pergunta que se faz constantemente é: Quem eu tenho que ser para agradar? Quem eu tenho que ser para responder a expectativas e ser aceito?

Algumas crianças aprendem que sendo quietinhas, obedientes e boazinhas vão receber atenção, então passam a agir assim, seguindo esse padrão. Outras fazem exatamente o contrário, ficam agressivas e opositivas.

Quando a pessoa chega na fase adulta, surge o primeiro sabotador, que é uma sensação permanente de não reconhecimento, uma busca por algo inalcançável, um desagrado em ser quem é, uma insatisfação constante consigo mesma. Geralmente, esse adulto não assume o seu espaço e não se apropria dele, da sua identidade, e se desdobra para não desagradar as outras pessoas.

As pessoas que sofrem com desamor na infância tendem a evitar as situações que fujam ao seu controle, retornando a um espaço seguro, encontrando justificativas para não se expor. Dentro dessa situação existem indivíduos que se lamentam que os outros os rejeitem, que os outros não têm a devida consideração, e se sentem constantemente não aceitos, mesmo que não passe de sua interpretação distorcida da realidade. Muitas vezes a pessoa que tem medo de ser rejeitada é a primeira a rejeitar oportunidades e pessoas, e escolhe, inconscientemente, viver na solidão.

Na infância, as experiências de desamor, pelos pais, professores ou cuidadores, podem deixar cicatrizes emocionais profundas, levando a criança a sentir que **quem ela é não é importante**. Essas vivências podem moldar sua perspectiva sobre si mesma e influenciar seu comportamento, resultando em uma constante necessidade de corresponder às expectativas dos outros, no medo de decepcionar as pessoas, na busca incessante por agradar e na dificuldade em estabelecer limites saudáveis. Vamos mergulhar em alguns exemplos da experiência de desamor:

1. Os pais são emocionalmente distantes e não demonstram afeto ou amor pela criança. **A consequência na vida adulta** é uma sensação profunda de vazio e inadequação, levando a uma busca constante por aprovação e validação externa, pois a pessoa nunca aprendeu a se amar e a acreditar que tem valor.

2. A criança é constantemente comparada aos irmãos, ou outros colegas, e sente que não é aceita e amada pelo que ela é. **A consequência na vida adulta** é uma busca desesperada por validação externa, tentando se encaixar em um molde que não lhe pertence, sacrificando sua própria autenticidade e autoestima.

3. A criança é ignorada quando tenta expressar suas emoções e seu afeto. **A consequência na vida adulta** é uma dificuldade em se conectar emocionalmente com os outros, bem como uma tendência a reprimir seus sentimentos, resultando em relacionamentos superficiais e uma busca incessante por aceitação.

EDUARDO SHINYASHIKI | 65

4. A criança é constantemente punida ou rejeitada quando tenta estabelecer limites pessoais. **A consequência na vida adulta** é a dificuldade em dizer "não" e uma tendência a sacrificar suas próprias necessidades em prol dos outros, o que leva a um esgotamento emocional e uma sensação constante de sobrecarga.

5. A criança é responsabilizada por todos os problemas familiares, sendo constantemente culpada por coisas além de seu controle. **A consequência na vida adulta** é uma autoimagem distorcida, sentimento de culpa excessivo e uma tendência a assumir responsabilidades que não lhe cabem.

6. A criança é constantemente colocada em competição com outras crianças. Ela pode ser amada pelo que ela faz, e não pelo que ela é. **A consequência na vida adulta** é uma vida repleta de inseguranças em relação a sua identidade e valor e uma constante busca por validação externa, sempre se comparando aos outros e sentindo-se inadequada e rejeitada.

Como você pode perceber, essas experiências de desamor na infância podem criar distorções significativas que continuam se manifestando durante a vida adulta do indivíduo e servem de mecanismos de defesa para lidar com as consequências causadas pelo desamor e sentimento de rejeição.

Vamos listar algumas dessas distorções:

1. Necessidade de aprovação constante;

2. Medo de decepcionar os outros;

3. Dificuldade em estabelecer limites saudáveis;

4. Baixa autoestima;

5. Dificuldade em expressar emoções;

6. Sentimento de culpa.

Essas distorções influenciam nossos relacionamentos, escolhas de carreira e bem-estar emocional, tornando difícil nos sentirmos verdadeiramente autênticos e plenos.

PARA REFLETIR

Identifique nos exemplos apresentados anteriormente se você está trazendo algumas distorções em sua vida e qual é o impacto disso no seu dia a dia. Quais são as dificuldades que esses padrões estão trazendo para a sua vida?

Enquanto você faz essas reflexões, lembre-se de que este é um padrão que vai sendo incorporado, mas que é possível ser reprogramado. Você tem dentro de si o poder para fazer isso.

O DESAMPARO NA INFÂNCIA: O PESO DA SOLIDÃO

Para exemplificar a experiência do desamparo, pense em uma criança que pede, implora, suplica por algo e não recebe coisa alguma – e que isso se repete até ela começar a desenvolver um pensamento de que não adianta pedir porque não vai receber.

Essa crença, com o tempo, se confirma dentro dela e vai se tornando a verdade pela qual fundamenta seus pensamentos, sentimentos e ações.

Provavelmente, após a experiência do desamparo e de se consolidar a ideia de que não adianta pedir porque não vai receber, essa criança poderá desenvolver, quando adulta, um comportamento de "carregar o mundo nas costas" e de sentir-se "sufocada".

Você se lembra de algum momento em que se sentiu desamparado?

Sabe aquele sentimento de estar em meio a uma multidão e mesmo assim se sentir só?

Em geral, ao experimentar esse contexto, o indivíduo se autoisola, tem dificuldade nos relacionamentos ou age ao inverso, resolvendo cuidar de tudo e de todos, assumindo inúmeras responsabilidades, transmitindo a imagem de que é uma fortaleza e de que se basta por si só.

A criança começa a sentir o desamparo quando não está sendo cuidada e quando não é atendida nas suas necessidades. Com essas experiências,

Crianças são uma fonte inesgotável de espontaneidade, um verdadeiro exemplo de como viver cada dia com paixão e autenticidade.

começa a surgir o medo do abandono e da solidão. Quando adultos, essas pessoas já começam a delinear nas relações uma ação de abandono, antes mesmo que sejam abandonadas.

É como se, em qualquer lugar que a pessoa estivesse, experimentasse um sentimento de que ali não é o seu lugar, ou ainda, a sensação de que alguém a deixará se ela não fizer aquilo que o outro espera dela.

A sensação de inadequação aparece e faz com que a pessoa sinta e pense como se ela estivesse na sua vida "de favor" ou como um inquilino que está para ser despejado a qualquer instante para fora da sua casa. Por exemplo: quando uma criança vai ao encontro do seu pai para abraçá-lo e este lhe diz para não lhe perturbar, essa criança pode interpretar que o problema é ela e que, se não estivesse ali, não existiria o problema.

Na infância, experiências de desamparo podem deixar marcas profundas na criança, levando-a a buscar proteção, segurança e amparo repetidamente, mas encontrando-se com o vazio de não receber o apoio desejado. Essa falta de acolhimento e resposta faz com que ela internalize a crença de que não adianta pedir ajuda, pois não será atendida, levando-a a aprender a se virar sozinha. Como forma de autoproteção, ela se fecha e se exclui, alimentando uma sensação constante de inadequação e vergonha ao pedir ajuda ou expressar suas necessidades.

Vamos explorar alguns exemplos dessas experiências e as consequências na vida adulta:

1. A criança chora e busca consolo após um pesadelo, mas é ignorada. **A consequência na vida adulta** é uma dificuldade contínua em expressar emoções e buscar apoio emocional, levando a uma sensação de solidão e uma tendência a se fechar emocionalmente.

2. A criança enfrenta dificuldades na escola e pede ajuda, mas não recebe o suporte necessário dos adultos e é ridicularizada nos seus medos. **A consequência na vida adulta** é uma dificuldade em confiar nos outros e buscar apoio, levando a uma autossuficiência excessiva e uma resistência em pedir ajuda quando necessário.

3. A criança sofre uma queda, ou está doente, e precisa de cuidados e conforto, mas é deixada de lado pelos adultos. **A consequência na vida adulta** é uma sensação de abandono e uma dificuldade em confiar em outros, levando-a acreditar que não merece ser cuidada.

4. A criança enfrenta bullying na escola, mas, quando pede ajuda aos pais ou professores, é ignorada ou desacreditada. **A consequência na vida adulta** é uma dificuldade em confiar nas figuras de referência e buscar proteção contra situações prejudiciais, levando-a a lidar com os problemas sozinha e a internalizar a ideia de que não pode contar com os outros.

5. A criança precisa de orientação e suporte na construção do seu aprendizado, de suas habilidades e talentos, mas os pais ou cuidadores não investem tempo ou interesse nesse processo. **A consequência na vida adulta** é uma falta de confiança em suas próprias habilidades e talentos, levando-a a subestimar seu potencial e a evitar assumir desafios e viver novas experiências.

Como você pode perceber, essas experiências de desamparo na infância podem criar distorções significativas e mecanismos de defesas na vida da criança, fazendo com que sua percepção de si mesma, dos outros e do mundo ao seu redor seja corrompida pela sensação de falta de proteção e de solidão.

Vamos listar aqui as distorções resultantes da experiência de desamparo:

1. Autossuficiência excessiva;

2. Sentimento de sobrecarga;

3. Dificuldade em pedir ajuda;

4. Sensação de solidão e isolamento emocional;

5. Sentimento de inadequação e vergonha;

6. Dificuldade em confiar nos outros.

Essas distorções podem impactar significativamente a vida pessoal e profissional da criança na vida adulta. Ela pode enfrentar dificuldades em estabelecer relacionamentos saudáveis, em pedir ajuda quando necessário, em receber apoio emocional e em expressar suas próprias necessidades e desejos. Além disso, a sensação de inadequação e vergonha pode minar sua autoconfiança e autoeficácia.

PARA REFLETIR

Identifique nos exemplos apresentados anteriormente se você está trazendo algumas distorções em sua vida e qual é o impacto disso no seu dia a dia. Quais são as dificuldades que esses padrões estão trazendo para a sua vida?

Enquanto você faz essas reflexões, lembre-se de que é um padrão que vai sendo incorporado, mas que é possível ser reprogramado. Você tem dentro de si o poder para fazer isso.

A DESVALORIZAÇÃO NA INFÂNCIA: O FARDO DA AUTOCRÍTICA

A desvalorização e a sensação de incapacidade é quando a criança recebe estímulos negativos sobre suas habilidades.

O sentimento de desvalorização é fortalecido por experiências de desqualificação, por exemplo, quando a criança está aprendendo a fazer alguma tarefa e um adulto fala para ela: "Você não faz nada direito". Nesse momento, a sensação que prevalece na criança é: "Eu só faço besteira", "Eu sou desastrado", "Eu sou muito confuso" e assim por diante. Desenvolve-se, então, um sentimento de incapacidade e de impotência diante da realidade. Essa sensação gera o medo de não conseguir. A pessoa não acredita nas próprias capacidades e inviabiliza, assim, a possibilidade de dar certo – e isso a persegue até a vida adulta, não sendo incomum se sentir desmotivada por tentar qualquer desafio. Esse indivíduo pensa: *Se eu sei que não faço nada direito, se eu sei que nunca faço nada certo, se eu sei que no final sempre vou fazer besteira, então para que ir até o final?*

A experiência de desvalorização está ligada também a querer, como pais, por exemplo, que a criança queime etapas, ansiosos em ver o desenvolvimento dela. Mal o bebê começa a engatinhar já queremos vê-lo andando; começa a andar e queremos vê-lo correndo...

Quando isso acontece, geramos uma expectativa de a criança produzir um resultado para o qual ela ainda não está preparada. Essa criança é forçada a viver uma experiência que ainda não tem as condições de viver de maneira saudável e vai crescendo com esse sentimento de incapacidade, falta de preparo e prontidão, além de uma cobrança excessiva.

Faça o que for, parece que nunca vai ser bom o suficiente.

Uma pessoa que sofreu com a desvalorização na infância geralmente procrastina bastante, principalmente por se sentir paralisada pelo medo de ser invalidada e criticada. Ela tem a sensação de que não é boa suficiente, que sempre havia algo que podia fazer melhor. Não consegue relaxar e fica presa nas expectativas, vivendo em constante ansiedade.

Às vezes, a desvalorização acontece por parte de adultos muito críticos e exigentes com a criança. Nesse caso, ela vai crescer extremamente autoexigente, autocrítica, perfeccionista e dura consigo mesma.

Na experiência de desvalorização, a sensação limitante mais presente é a de se sentir incapaz.

Nessa sensação de incapacidade, a pessoa experimenta a dúvida sobre as próprias capacidades e seu valor pessoal. Ela pode se comportar como alguém muito seguro das suas atitudes, mas está sempre se questionando se o que faz está certo ou errado. É vítima dos seus próprios julgamentos, avaliações e críticas. Uma criança que tenha ouvido que "não serve para coisa nenhuma" ou "que tudo que faz é malfeito" foi levada a acreditar que não tem capacidade e poder pessoal para determinar a sua vida; assim, vive mais as dúvidas e inseguranças do que a certeza e a confiança.

Para se defender disso, muitas vezes esses indivíduos ferem antes de serem feridos, ou seja, antes que alguém perceba suas incapacidades, eles incapacitam os outros com suas críticas e julgamentos demolidores, empenhados em destruir a confiança do outro.

Experiências de desvalorização podem causar um impacto profundo na autoestima da criança. Ser constantemente criticada, invalidada e desqualificada em suas ações e conquistas, alimenta a crença de que, não importa o quanto ela se esforce, nunca será boa o suficiente.

Vamos explorar alguns exemplos da experiência de desvalorização e as consequências na vida adulta:

1. Os pais exigem perfeição da criança e nunca demonstram satisfação com suas conquistas. **A consequência na vida adulta** é uma busca constante pela perfeição, o medo de falhar e uma tendência a nunca se sentir suficiente e satisfeita, mesmo diante de realizações significativas.

2. A criança faz um desenho – ou outra tarefa ou atividade – com entusiasmo e feliz do resultado, mas é recebida com comentários negativos e críticas. **A consequência na vida adulta** é uma tendência persistente em duvidar de suas habilidades, medo de errar, tornando-se excessivamente autocrítica.

3. A criança compartilha uma ideia ou opinião, mas é constantemente desqualificada ou ignorada. **A consequência na vida adulta** é uma sensação de que suas contribuições não são valorizadas, levando-a a duvidar de sua capacidade de expressar suas próprias ideias e a ter dificuldade em se posicionar no mundo.

4. A criança recebe uma nota boa, mas, é questionada sobre como poderia ter tirado uma nota ainda melhor. **A consequência na vida adulta** é uma constante busca pela perfeição, alimentando uma autocrítica implacável e uma sensação de que nunca é boa o suficiente.

5. A criança se esforça para aprender algo novo, mas é frequentemente comparada a outras crianças que têm um desempenho melhor. **A consequência na vida adulta** é uma constante comparação com os outros, levando a uma autoimagem limitante e uma tendência a desistir de seus sonhos por medo de não ser capaz de alcançá-los.

6. A criança comete um erro em uma tarefa e é criticada de modo severo e humilhante. **A consequência na vida adulta** é uma aversão ao risco e uma falta de autoconfiança, levando a um medo paralisante de cometer erros, bloqueando a curiosidade e a inovação.

7. A criança é desqualificada nas suas emoções e sentimentos. **A consequência na vida adulta** é medo e dificuldade em expressar seus sentimentos, resultando em um comportamento de isolamento e repressão das emoções.

Essas experiências de desvalorização na infância criam distorções significativas na forma como a criança se percebe e se relaciona consigo mesma e com o mundo ao seu redor.

Vamos listar algumas dessas distorções:

1. Crença de não ser boa o suficiente;

2. Busca pela perfeição;

3. Busca pela validação externa;

4. Medo de cometer erros;

5. Autocrítica excessiva;

6. Dificuldade em reconhecer conquistas;

7. Perfeccionismo paralisante.

Se essas distorções se consolidarem na vida da pessoa, ela pode enfrentar dificuldades em confiar em si mesma, em se arriscar, em receber elogios, e viver em uma constante autocrítica e busca pela perfeição que podem levar ao estresse crônico, à baixa autoestima e à insatisfação.

PARA REFLETIR

Identifique nos exemplos apresentados anteriormente se você está trazendo algumas dessas distorções em sua vida e qual é o impacto disso no seu dia a dia. Quais são as dificuldades que esses padrões estão trazendo para a sua vida?

Enquanto você faz essas reflexões, lembre-se de que é um padrão que vai sendo incorporado, mas que é possível ser reprogramado. Você tem dentro de si o poder para fazer isso.

PARA VER E REFLETIR

"Eu costumava achar que eu era a pessoa mais estranha do mundo, mas aí eu pensei: tem tantas pessoas no mundo, tem que ter alguém como eu, que se sinta bizarra e imperfeita, da mesma maneira como eu me sinto. E eu imaginava esta pessoa, imaginava que ela também estivesse lá pensando em mim. Bom, espero que se você for essa pessoa e estiver lendo isto, saiba que sim, é verdade, estou aqui! Sou estranha como você."

Frida Kahlo[26]

Frida, dirigido por Julie Taymor[27]

Esse filme conta a vida da famosa artista mexicana Frida Kahlo e sua trajetória sofrida, complexa e dolorosa. Frida, porém, sempre conseguiu lutar e transformar seu sofrimento em expressão artística e potência criativa, tornando-se um símbolo de coragem, superação, determinação, paixão, originalidade, ironia e bom humor.

A maior reflexão assistindo à jornada de Frida Kahlo é que os traumas, as dificuldades, as decepções, as dores e as tristezas podem ser enfrentadas com a força da determinação, com o desejo de renascer e de se reinventar, com a coragem de amar a si mesmo e de ocupar o próprio espaço no mundo, mesmo no terremoto das dificuldades, transformando as limitações em energia vital e criativa.

Não negando a própria dor, mas indo fundo nela em uma viagem introspectiva, Frida ressignificou o sofrimento e o utilizou para potencializar sua arte, fortalecendo sua identidade e paixão pela vida.

Acesse o QR Code para um resumo do capítulo e uma meditação guiada:

---

26. KAHLO, F. **Pensador**. Disponível em: https://www.pensador.com/frase/MTU1NDg5NA. Acesso em: 14 ago. 2023.
27. FRIDA. Direção: Julie Taymor. Estados Unidos, Canadá, México: Miramax Films, 2002. (2h03min)

CAPÍTULO 6
CONEXÃO CORPO E EMOÇÕES

> "O princípio de tudo foi a emoção. Sentir não é, portanto, um processo passivo."
>
> António Damásio[28]

O MARCADOR SOMÁTICO ◇ A CHAVE PARA NOSSAS ESCOLHAS

As emoções se manifestam por meio do corpo: mãos suadas, boca seca, coração disparado, borboletas no estômago, vermelhidão no rosto, tremores, tonturas – tudo um conjunto de sensações e reações somáticas. Por meio do corpo podemos sentir as emoções e quando as percebemos conscientemente, com a nossa mente, podemos dar um nome a elas. E então, ao nomeá-las, falamos de sentimento. Por exemplo: "estou sentindo ansiedade", "sinto entusiasmo", "tenho medo", "estou com insegurança", "sinto alegria", "tenho compaixão", "estou com raiva" etc.

Cada vez que algo ou alguém estimula uma reação no nosso corpo, uma emoção, o nosso cérebro registra a experiência, a arquiva e a conserva na memória como suporte para eventos futuros. Quanto mais intensa a emoção despertada, mais forte é esse mecanismo do cérebro de associar a emoção com a situação, e mais forte essa experiência fica marcada no corpo.

O neurocientista português António Damásio chama esse processo de "marcador somático", em que a emoção vivenciada pelo corpo vem associada com aquele estímulo. É um processo neurológico que influencia nossas tomadas de decisão e nossas respostas emocionais. De acordo com Damásio, os marcadores somáticos são reações corporais automáticas e inconscientes que ocorrem em resposta a estímulos emocionalmente significativos.[29]

---

28. SABATER, V. 5 frases de António Damásio para entender melhor as emoções. **A mente é maravilhosa**, 15 nov. 2021. Disponível em: https://amenteemaravilhosa.com.br/5-frases-de-antonio-damasio/. Acesso em: 14 ago. 2023.

29. SOUSA, B. M. de. Tomada de decisão, emoção e o marcador somático. **Psicologia catalão**, 16 fev. 2020. Disponível em: https://psicologiacatalao.com.br/2020/02/16/tomada-de-decisao-e-emocao/. Acesso em: 14 ago. 2023.

Lembro de Marcos, um aluno do segundo ano do Ensino Médio; ele me contou que toda manhã, antes de ir para a escola, vomitava. Nós conversamos e ele conseguiu verbalizar que sentia muita ansiedade e era muito cobrado pelos pais em relação aos seus resultados e suas notas, sempre comparado aos seus colegas, indicados pelos seus pais como melhores que ele. Essas emoções que Marcos sentia tão intensa e constantemente ficam gravadas no corpo da pessoa, criando um diálogo circular emocional-corporal que forma a base dos processos de aprendizados e de decisão. Com certeza, como educador você deve ter encontrado, no decorrer da sua profissão, situações parecidas com a do Marcos.

O marcador somático nos ajuda a entender as reações de Marcos e revela uma fascinante conexão entre emoção, corpo e mente. É por meio desse mecanismo complexo que somos capazes de correlacionar experiências passadas com respostas emocionais, antecipando e influenciando nossas reações em situações futuras e **antecipando essa resposta em situações semelhantes**.

Estímulos externos, como eventos, pessoas e situações, do mesmo modo que estímulos internos, como imagens mentais e pensamentos, desencadeiam respostas emocionais em nós. E é nesse ponto que o marcador somático entra em ação.

Os marcadores somáticos são reações automáticas e inconscientes que ocorrem em resposta a estímulos emocionalmente significativos. Esses marcadores são baseados em associações emocionais armazenadas em nosso cérebro. Quando nos deparamos com uma situação que requer uma decisão, esses marcadores são ativados e influenciam nossas escolhas.

Por exemplo, se tivemos uma experiência anterior negativa relacionada a determinado objeto, pessoa ou contexto, nosso corpo pode gerar um marcador somático de ansiedade ou desconforto quando nos deparamos novamente com eles. Essa reação emocional inconsciente nos alerta para possíveis riscos ou consequências negativas, afetando diretamente em como agiremos diante dessa situação.

Se um estudante vivencia sentimentos constantes de ansiedade, desqualificação e incapacidade na aula de Matemática, isso pode criar no aluno reações fisiológicas, expressões motoras e marcadores somáticos que o levem a reagir com desinteresse e rejeição pela matéria, pois a emoção orienta a aprendizagem e como a pessoa se sente, influencia sua motivação, sua atenção e como ou quão efetivamente aprenderá.

Esses marcadores ajudam a guiar nossas decisões, pois fornecem uma espécie de "sinal emocional" que nos ajuda a avaliar rapidamente as possíveis consequências de uma escolha. Eles fornecem um mecanismo de feedback interno que nos ajuda a evitar riscos e a buscar opções mais vantajosas em termos emocionais e sociais.

Por exemplo, um medo muito comum é o de falar em público. Ele produz na pessoa emoções negativas e reações no corpo como dor de barriga, suor frio, boca seca, náusea e nó na garganta. Essas reações levam a pessoa a tomar decisões como a de desistir. O cérebro, então, registra as reações físicas e, quanto mais fortes elas forem, mais bem registradas serão. Assim, se cria uma marca somática. A partir desse momento, o cérebro já sabe o que fazer em situações parecidas para não sentir essas emoções negativas, no caso do exemplo, desistir de falar em público.

Surpreendentemente, os marcadores somáticos não se limitam apenas a experiências reais. Eles também são ativados pela imaginação e pelo pensamento. Isso significa que, se nos concentrarmos em pensamentos limitantes e situações passadas, ou se imaginarmos um futuro pessimista, esses marcadores serão acionados, estimulando sensações alinhadas com esses padrões de pensamento.

O cérebro mapeia os estados somáticos, mesmo que não sejam derivados de experiências reais e pessoais. Podemos aprender através da experiência imaginada ou observando outras pessoas.

Esse mecanismo é uma estratégia sofisticada que nos auxilia em situações de perigo, poupando tempo e energia. No entanto, ele também generaliza informações, colocando-nos em piloto automático mesmo quando não é adequado ou necessário.

Ao compreendermos o funcionamento do marcador somático, podemos direcionar e corrigir esse mecanismo para não apenas garantir nossa sobrevivência, mas também buscar a felicidade e a realização. Podemos fortalecer e consolidar a imagem mental de nós mesmos e da vida que desejamos viver.

Desvendar os mistérios do marcador somático é adentrar em um mundo emocionalmente consciente, onde corpo e mente se entrelaçam, capacitando-nos a tomar decisões assertivas e moldar nossa própria jornada de vida.

Dessa maneira, podemos tornar o marcador somático um aliado, pois esse mecanismo funciona com todas as emoções. Se fortalecemos as emoções positivas e ressignificamos as situações negativas, criaremos um marcador somático que estará à nossa disposição para outras ocasiões similares, fortalecendo a autoconfiança e a autoestima.

A associação de um determinado tipo de marcador somático a uma dada situação, depende, de fato, da emoção que aquela situação, ou parecida, causou no passado. Se uma matéria foi aprendida experimentando o medo, por exemplo, toda vez que ela é evocada na memória, será ativada também aquela experiência emocional correspondente de medo.

Nós gravamos na memória, além das informações, as emoções. Mas enquanto as informações aprendidas são armazenadas na memória procedural ou semântica, a memória de emoções limitantes como o medo, a incapacidade e a inadequação são armazenadas na memória autobiográfica, afetando significativamente a autoestima e a autoeficácia do aluno.

De fato, se esse mecanismo se repete por vários anos escolares, isso levará a criança ou o jovem a se sentir incapaz, vivendo experiências de fracasso que lhe darão, em um círculo vicioso, a confirmação de sua incapacidade.

No fim, ter consciência de como o marcador somático funciona nos permite compreender melhor nossas reações emocionais e dos nossos alunos, transformando as emoções em recursos e pontos de força.

Quando o aluno está satisfeito e feliz por ter conseguido realizar um exercício, o cérebro reage ativando os circuitos de recompensa através da produção de dopamina, o neurotransmissor ligado à motivação, e essa descarga química resulta na criação ou consolidação de sinapses. Isso significa que o esforço feito por um aluno no estudo deve ser reconhecido e gratificado, de modo que ative o círculo virtuoso: eu me dedico, sou reconhecido e recompensado, quero me dedicar mais e novamente.

PARA REFLETIR

Quais são as principais emoções que você identifica na sua sala de aula?

Quais são os momentos das suas atividades de ensino que você identifica que despertam emoções positivas em seus alunos? E quais despertam emoções negativas?

Podemos fortalecer marcadores somáticos positivos, usando um **lembrete de inspiração**.

Pare e reflita: o que te inspira e faz bem? O que restaura um sentimento de esperança, tocando seu coração, fazendo sentir-se vivo, devolvendo a energia e a vontade de continuar mesmo nos momentos difíceis?

Para algumas pessoas é aquele livro na cabeceira, cujas palavras de amparo acalentam o coração. Para outras é uma poesia grudada na parede da cozinha ou uma foto da família na mesa do escritório que lembram o significado do seu trabalho e o sentido das suas ações, ou as próprias afirmações e frases de poder.

Alguns preferem ouvir uma música que amam para elevar o espírito acima dos problemas e se munir de motivação e entusiasmo. Da mesma forma, outros possuem um objeto que os lembram de momentos felizes e os recarregam de alegria e ânimo.

Com certeza todos nós temos esses **lembretes de inspiração**, e eles podem ser grandes aliados na hora de ativarmos rapidamente emoções positivas e empoderadoras. O importante é mapear quais são os seus e utilizá-los na sua vida.

PARA PRATICAR: MAPEANDO E USANDO OS SEUS LEMBRETES DE INSPIRAÇÃO24

1. **Reflexão:** pense sobre o que inspira você e o faz sentir bem. Considere elementos que acalmam o coração, trazem esperança e renovam a vontade de seguir adiante

2. **Identificação:** escolha três lembretes de inspiração que tenham um significado especial para você. Eles

podem ser objetos, como livros, fotos ou frases, ou até mesmo expressões artísticas, como poesias e músicas.

3. **Conexão emocional:** reflita sobre como cada um desses lembretes despertam emoções positivas em você. Lembre-se de como eles impactam sua motivação, seu entusiasmo e bem-estar.

4. **Utilização consciente:** integre esses lembretes de inspiração em sua rotina diária. Coloque-os em locais visíveis, como a cabeceira da cama, a parede da cozinha ou a mesa do escritório. Ouça as músicas que elevam você, leia trechos de livros que o inspiram ou olhe para um objeto que traz alegria e boas lembranças.

5. **Ativação rápida:** utilize esses lembretes de inspiração sempre que precisar ativar rapidamente emoções positivas e empoderadoras. Eles estarão ao seu alcance para relembrar o significado de suas ações, trazer motivação e revigorar seu ânimo.
Lembre-se de que esses lembretes de inspiração são pessoais e únicos para cada indivíduo.

AS EMOÇÕES PRIMÁRIAS, SECUNDÁRIAS E DE FUNDO

Nas intricadas teias de nossas redes neurais, segundo Damásio, entrelaçam-se as emoções primárias, enraizadas em nossos instintos mais profundos e que nos acompanham desde quando nascemos; e as emoções secundárias, tecidas a partir das vivências individuais de cada ser humano.[30]

Em *O mistério da consciência*, Damásio indica seis emoções primárias ou universais que sustentam a experiência humana. São elas: a alegria, a tristeza, o medo, a raiva, a surpresa e a aversão. O neurobiólogo Humberto

---

30. DAMÁSIO, A. O que são emoções? **Ciência contemplativa**, 25 nov. 2020. Disponível em: https://cienciacontemplativa.org/2020/11/25/o-que-sao-emocoes-antonio-damasio/. Acesso em: 14 ago. 2023.

Maturana inclui, a essas seis, mais uma emoção: o amor.[31] As **emoções primárias**, junto com os reflexos, são os mecanismos reguladores das bases que permitem a sobrevivência. Nossos sistemas neurais inatos colocam em funcionamento as respostas que permitem a reação ao ambiente com vistas à preservação da espécie. Imagine, por exemplo, defrontar-se com um leão imponente: nosso primeiro impulso, instintivo, é fugir e nos proteger.

Cada uma dessas emoções primárias têm um propósito e uma mensagem a transmitir. Ao desenvolvermos a consciência e a compreensão dessas emoções, podemos utilizá-las como ferramentas para melhorar nosso bem-estar emocional. Ao reconhecermos e expressarmos nossas emoções de maneira autêntica e saudável, abrimos espaço para uma vida mais equilibrada, significativa e gratificante.

A **alegria** nasce quando experimentamos momentos de felicidade pura. É a risada sincera de uma criança, o abraço apertado de um ente querido ou a conquista de um sonho há muito desejado. A alegria pede que seja celebrada para que possamos nos permitir saborear as realizações da vida.

Negar a alegria e reprimir o sentimento de felicidade pode levar a um estado de apatia e desânimo. A ausência dessa emoção primária em nossas vidas pode resultar em perda de motivação, falta de energia e até mesmo quadros de depressão.

A **tristeza** é o que sentimos em momentos de perda, despedida ou decepção. Ela nos convida a mergulhar nas profundezas de nossa alma, a chorar as lágrimas que carregam a cura e a renovação. A tristeza nos pede que nos permitamos sentir a dor, para nos reconectarmos com nossa humanidade e encontrarmos consolo e esperança, mesmo em meio à adversidade.

Ao evitar essa emoção, podemos sufocar a dor e prolongar o processo de cura emocional. A negação da tristeza pode levar a um acúmulo de sentimentos não elaborados, resultando em um estado de melancolia crônica, isolamento social e dificuldade em lidar com perdas futuras.

O **medo** é o sentimento que nos assalta quando estamos diante do desconhecido, dos desafios e dos riscos. Ele nos chama a reconhecer nossas vulnerabilidades e a confrontar nossos receios mais profundos. O medo pede

---

31. MATURANA, H. **Emoções e linguagem na educação e na política**. Belo Horizonte: UFMG, 1998.

Ao reconhecermos e expressarmos nossas emoções de maneira autêntica e saudável abrimos espaço para uma vida mais equilibrada, significativa e gratificante.

proteção e segurança para que encontremos coragem para seguir adiante, para enfrentar nossas limitações e descobrir a força que reside em nós.

Evitar o enfrentamento do medo pode levar a uma vida limitada pela insegurança e pela falta de coragem. A negação do medo pode resultar em ansiedade crônica, distanciamento de situações desafiadoras e estagnação pessoal.

A **raiva** é o fogo que arde em nosso interior quando nos sentimos desrespeitados, traídos ou injustiçados. Ela é a energia que nos impulsiona a lutar por nossos direitos, a estabelecer limites saudáveis e a buscar justiça. A raiva exige que nos posicionemos e expressemos nossa indignação, mas também nos desafia a canalizar força de modo construtivo, evitando danos irreparáveis.

Reprimir a raiva e não a expressar de maneira adequada pode levar à explosão emocional e ao ressentimento acumulado. A negação da raiva pode resultar em problemas de relacionamento, dificuldade em estabelecer limites saudáveis e até mesmo em doenças físicas, como hipertensão e úlceras.

A **surpresa** é o sentimento delicioso do inesperado. Pode ser um presente especial, um encontro ao acaso ou uma reviravolta na vida. Essa emoção nos convida a abraçar a magia dos momentos imprevisíveis, a abrir nossos corações para as oportunidades que surgem quando menos esperamos.

Não se permitir vivenciar a surpresa pode tornar a vida monótona e desprovida de novidades. A negação da surpresa pode levar à falta de entusiasmo, à estagnação criativa e a uma sensação de imobilidade na vida cotidiana.

A **aversão** é um sentimento de repulsa, que cria uma atitude de desprazer e evitação que afasta a pessoa de alguém ou de alguma coisa.

A emoção primária de aversão, quando não compreendida e equilibrada, pode criar emoções secundárias de indiferença, falta de empatia e hostilidade, elementos básicos da crítica exagerada, do preconceito e da rejeição.

O **amor** é a força transformadora que transcende tudo. É o calor reconfortante de um abraço afetuoso, as palavras compreensivas que nutrem nossas almas, a conexão profunda que compartilhamos com aqueles que amamos. O amor nos pede que nos entreguemos completamente, para permitir que nossos corações se abram e irradiem afeto para o mundo ao nosso redor.

Negar a vivência plena do amor pode levar a relacionamentos superficiais e falta de conexão emocional. A negação do amor pode resultar em solidão, falta de intimidade emocional e dificuldade em estabelecer relacionamentos saudáveis e duradouros.

Enquanto as emoções primárias são instintivas, as **emoções secundárias** ou sociais são ligadas à cultura específica, aos valores e às crenças adquiridas por meio da educação e da convivência, permitindo que o indivíduo reaja de modo individual diante das **situações-estímulos**, ou seja, moldam a maneira como cada indivíduo reage às complexidades do mundo social. Elas surgem a partir da nossa experiência de vida e da forma como interpretamos e decodificamos as situações emocionais. A confiança, a vergonha, o ciúme, a culpa, a rejeição, a aceitação, a honestidade e a humilhação são alguns exemplos de emoções secundárias.

Um bom exemplo de como essas emoções se manifestam no dia a dia é quando alguém que passou sua infância em uma fazenda de café, ao sentir o aroma da bebida pela manhã, imediatamente se transporta – consciente ou inconscientemente – para a fazenda, reavivando as emoções que aquele cheiro evoca. Isso é uma emoção secundária, capaz de despertar um sentimento de prazer, mas que, em outra pessoa que não viveu em uma fazenda de café, não necessariamente pode ser ativado. Por outro lado, alguém que vivenciou um desastre em um carro pequeno e branco, ao avistar um veículo semelhante, reviverá de maneira dolorosa aquele episódio indesejado.

Existem diversas emoções secundárias que desempenham um papel importante na nossa vida emocional, entre elas:

1. **Confiança**: é uma emoção que envolve acreditar na integridade, competência e honestidade de alguém. Ela nos permite estabelecer relacionamentos sólidos e seguros, em que nos sentimos confortáveis em compartilhar e ser vulneráveis.

2. **Vergonha**: é uma emoção que surge quando nos sentimos expostos, humilhados ou inadequados diante de nós mesmos ou dos outros. Ela está relacionada à percepção de falha ou desvio

86 | CUIDAR DE QUEM EDUCA

das normas sociais e pode afetar negativamente nossa autoestima e autoconfiança.

3. **Ciúme**: é uma emoção complexa que surge quando sentimos ameaça ou insegurança em relação a um relacionamento ou posse de algo. Ela pode surgir devido ao medo de perder afeto, atenção ou recursos que consideramos importantes.

4. **Culpa**: é uma emoção que surge quando sentimos que violamos nossos próprios valores morais ou causamos danos a outras pessoas. Ela está associada ao arrependimento e ao desejo de reparação, buscando restabelecer o equilíbrio emocional e a harmonia nas relações.

5. **Rejeição**: é uma emoção dolorosa que surge quando nos sentimos excluídos, ignorados ou não valorizados pelos outros. Ela pode afetar nossa autoestima, gerar sentimentos de inadequação e desencadear uma série de reações emocionais e comportamentais.

6. **Aceitação**: é uma emoção positiva que surge quando nos sentimos acolhidos, valorizados e abraçados pelos outros. Ela nos traz uma sensação de pertencimento e segurança emocional, fortalecendo os laços interpessoais e promovendo o bem-estar emocional.

E Damásio não para por aí. Em seu estudo sobre emoções ele nos presenteia com uma terceira categoria de sentimentos, conhecidos como emoções de fundo.[32] Esses sentimentos, mesmo em segundo plano, têm o poder de definir nosso estado mental como um todo. São eles que colorem o tecido da nossa existência. Os sentimentos de fundo propostos pelo autor são, por exemplo: a fadiga, a energia, o bem-estar, o mal-estar, a tensão, o relaxamento, o equilíbrio, o desequilíbrio, a harmonia, a discórdia, a ansiedade, o interesse e o desinteresse.

As **emoções de fundo** constituem um estado mais contínuo na pessoa, é como se fossem relacionadas com o mundo interno em vez

---

32. DAMÁSIO, A. *Ibidem.*

de representarem uma reação da pessoa ao mundo externo. Servem de pano de fundo do mundo do indivíduo, são a sua "identidade" emocional e sensações que o acompanham continuamente.

Essas emoções – primárias, secundarias e de fundo – podem ter diferentes manifestações e consequências na vida das pessoas. É importante reconhecê-las, compreender suas causas e aprender a lidar com elas de maneira saudável e construtiva.

Quando negamos a nós mesmos a vivência plena das emoções e ignoramos o que cada uma delas pede, abrimos caminho para o desequilíbrio emocional, que pode acarretar graves consequências para nossa saúde emocional e nosso bem-estar.

É importante compreender que todas as emoções têm sua importância, seu propósito em nossas vidas. Portanto, permitir-se vivenciar e expressar cada emoção de maneira saudável é fundamental para o equilíbrio emocional e a busca por uma vida plena e satisfatória.

Cada emoção é um chamado pulsante, um sinal claro de que estamos vivos e imersos na complexa existência humana. Não precisamos resistir a sentir essas emoções que nos definem como seres humanos e têm o poder de nos transformar e nos conectar com o âmago de nossa essência.

Como educadores, sabemos que não podemos controlar todos os fatores que desencadeiam as emoções que ameaçam o aprendizado e o bem-estar dos alunos – e nosso também –, porém, tendo esses conhecimentos sobre as emoções, podemos implementar estratégias e atividades que ajudem a amortizar eventuais efeitos negativos e desenvolver mais a inteligência emocional.

PARA PRATICAR: CONTRASTE EMOCIONAL ◇ EQUILIBRANDO LIMITAÇÕES E AMPLIANDO POSSIBILIDADES

A pedagoga Malka Margalit verificou nos seus estudos que equilibrar as emoções limitantes com as emoções antagônicas nos permite contrastar nossos sentimentos e, assim, balancear nosso estado emocional.

Por exemplo: tristeza com alegria, medo com encorajamento, ansiedade com tranquilidade etc. Vamos colocar esse exercício em prática?[33]

PASSO 1: Identifique suas emoções limitantes. Primeiramente, faça uma reflexão sobre suas emoções limitantes. Pense quais delas costumam limitar suas ações, autoconfiança ou bem-estar. Pode ser tristeza, medo, ansiedade, raiva, autocrítica, insegurança, entre outras. Liste essas emoções para ter clareza sobre quais aspectos você deseja trabalhar.

PASSO 2: Encontre a emoção antagônica. Agora, encontre as emoções antagônicas para você, que contrastem com as limitantes identificadas no passo anterior. Para cada emoção limitante encontre uma oposta, para que você possa equilibrá-la e trazer um estado emocional mais positivo. Por exemplo:

1. Tristeza (emoção limitante) ↔ Alegria (emoção antagônica).

2. Medo (emoção limitante) ↔ Coragem (emoção antagônica).

3. Ansiedade (emoção limitante) ↔ Calma (emoção antagônica).
   Continue fazendo essa correspondência entre suas emoções limitantes e as emoções antagônicas até ter uma lista completa.

PASSO 3: Exercício de contraste emocional. Agora que você tem sua lista de emoções limitantes e respectivas emoções antagônicas, pode realizar o exercício de contraste emocional. Siga estes passos:

1. Encontre um momento tranquilo para se concentrar em suas emoções.

---

33. SHARABI, A.; SADE, S.; MARGALIT, M. Virtual connections, personal resources, loneliness, and academic self-efficacy among college students with and without LD. **European Journal of Special Needs Education**, v. 31, n. 3, p. 376–390, 2016. Disponível em: http://dx.doi.org/10.1 080/08856257.2016.1141542. Acesso em: 31 ago. 2023.

2. Escolha uma emoção limitante para trabalhar.

3. Feche os olhos e conecte-se com essa emoção limitante. Sinta-a em seu corpo e observe como ela se manifesta em você.

4. Agora, conscientemente, comece a evocar a emoção antagônica associada. Por exemplo, se a emoção limitante é a tristeza, comece a se conectar com a alegria. Visualize situações alegres, lembre-se de momentos felizes ou imagine-se realizando atividades prazerosas que tragam alegria. O importante é sentir a emoção com todo o seu corpo, para informá-lo dessa nova programação.

5. Observe como a emoção limitante e a emoção antagônica se contrastam. Preste atenção nas sensações físicas, nos pensamentos e nas mudanças em seu estado emocional.

6. Permaneça nesse contraste emocional por alguns minutos, permitindo-se vivenciar plenamente as emoções antagônicas e suas sensações.

7. Construa, na sua mente, uma ponte para o futuro, vendo-se com essa sensação positiva na sua vida.

8. Ao final do exercício, respire profundamente e leve consigo o equilíbrio emocional proporcionado pela emoção antagônica.

9. Repita esse exercício para cada par de emoções limitantes/antagônicas da sua lista.

Vale ressaltar que o importante é sentir a emoção com todo o seu corpo; só assim você poderá reprogramar os seus marcadores somáticos. Outra dica para a realização desse exercício é que, se você não se lembra de um momento em que vivenciou a sensação antagônica positiva, pode usar outros modelos mentais durante o exercício, como: imaginar alguém que inspira você e quem você julga viver essa sensação, ou visualizar uma situação futura em que você sente e vive essa emoção.

Lembre-se de que esse exercício é apenas um exemplo e pode ser adaptado de acordo com suas preferências e necessidades. A prática regular desse contraste emocional pode ajudar a promover um equilíbrio emocional mais saudável, ampliar suas perspectivas e fortalecer suas emoções positivas.

EMOÇÕES AUTÊNTICAS E DISFARCE

Eric Berne, médico psiquiatra fundador da Análise Transacional, um método psicológico que estuda as trocas de estímulos e respostas entre pessoas,[34] indicou nos seus estudos cinco **emoções autênticas**, que são inatas ao ser humano. São elas: a alegria, o afeto, a tristeza, o medo e a raiva.

Para ele, esses sentimentos são função vital de sobrevivência e continuação da espécie. O psiquiatra diz, por exemplo, que a **alegria** incentiva ação e contagia, nos aproximando das outras pessoas que cooperam com nossa sobrevivência; que o **afeto** nos conduz a uma aproximação física que permite a reprodução e a proteção da prole; que a **tristeza** faz com que paremos a nossa ação para nos restabelecer fisicamente após um confronto ou uma dificuldade e, assim, avaliar as consequências; que o **medo** nos ensina que devemos respeitar certos limites, nos prepara para a fuga e nos protege de situações de perigo; e que a **raiva** prepara os músculos para o ataque ou a defesa, e nos ajuda a superar obstáculos e enfrentar ameaças à vida.

Mas Berne também explica que não é tão simples expressar as emoções autênticas de maneira espontânea e por isso acabamos nos apoiando em emoções disfarce (também conhecidas como emoções apreendidas).

As **emoções disfarce** são, em síntese, aquelas que quando crianças aprendemos a substituir por outras que pareciam mais aceitáveis pela família ou pelo contexto no qual nos encontrávamos. Por exemplo: um menino sofre bullying de um colega maior; com medo, ele corre para a mãe querendo proteção e expressa seu medo

---

34. MORAES, J. Em linhas gerais... o que é a Análise Transacional? **Quiron Desenvolvimento**, 12 set. 2016. Disponível em: https://quiron.com.br/em-linhas-gerais-o-que-e-a-analise-transacional/. Acesso em: 14 ago. 2023.

chorando. A mãe o incentiva a não chorar, pois meninos "grandes" não choram, mas enfrentam os outros.

Aquilo é gravado pela criança, que registra que não pode sentir medo, pois, mostrando esse sentimento, ela não é protegida pela mãe. Ao contrário, a mãe demonstra insatisfação e a desqualifica no seu sentir.

Às vezes na infância, os pais, mesmo que inconscientemente, definem quais emoções autênticas a criança pode sentir e expressar e quais não devem ser sentidas e expressadas.

Por exemplo: um pai desqualificando a emoção autêntica de tristeza do filho que acabou de perder seu cachorro, dizendo: "não chore", "seja forte", "não é nada" ou "vá dormir que passa". Nessa situação, a criança é direcionada a substituir a **tristeza** pelo disfarce de uma emoção de **força**.

Ou quando um filho expressa a emoção autêntica de **raiva** e os pais sufocam a expressão ao direcionarem a criança a substituir raiva pela emoção disfarce da **culpa**, dizendo, por exemplo: "Como pode gritar assim com sua própria mãe, que lhe deu a vida e faz tudo por você?".

Nesse e em outros inúmeros casos, a criança fica confusa e conclui que o que está sentindo não é real. Ela acaba obedecendo os adultos e reprimindo, não expressando ou não agindo conforme a emoção autêntica reprovada, disfarçando esses sentimentos e criando emoções falsas ou substitutas para ser aceita e reconhecida pela família.

Berne define o disfarce como um sentimento que se torna a forma habitual de a criança – e, posteriormente, de o adulto – reagir. Com o tempo, a criança tende a expressar emoções diferentes diante de situações parecidas com as do passado, em que ela foi reprimida. Por exemplo, sente medo e reage com raiva e agressividade porque ela não pode temer nada. Assim, a longo prazo, perde o contato consigo mesma e com o que está verdadeiramente sentindo.

É muito importante, como adulto, ter a consciência de que esse mecanismo existe e, assim, estar mais atento a si mesmo e se perguntar: "O que estou verdadeiramente sentindo?". Nesse processo de autoconhecimento, é preciso validar a emoção e reconhecê-la, acolhê-la, aceitá-la e canalizá-la.

Por exemplo: ao definir que você sente medo, falar para si mesmo que não tem problema se sentir assim e refletir como superar esse sentimento.

Esse é o ponto de partida para compreender suas emoções, direcioná-las e transformar aquelas que podem estar limitando você.

Quando você valida o que está sentindo, você está se aceitando e, a partir desse sentimento de aceitação, é possível construir, sobre bases firmes, a evolução e a transformação.

PARA PRATICAR: COMPREENDENDO AS EMOÇÕES DISFARCE

Pense e escreva algumas situações em que você expressa um sentimento quando, na verdade, está sentindo outro. Para isso, siga o modelo abaixo:

"Eu aparento... quando na verdade estou sentindo..."

Exemplos

Eu aparento **raiva** quando na verdade estou sentindo **medo**.

Eu aparento **força** quando na verdade estou sentindo **insegurança**.

Eu aparento **alegria** quando na verdade estou sentido **tristeza**.

Escreva, agora, o que você escolhe fazer quando percebe que está reprimindo as suas verdadeiras emoções:

"Agora, escolho..."

Exemplos

Agora escolho me conhecer melhor.

Agora escolho aceitar os meus sentimentos.

Agora escolho aceitar minhas limitações e superá-las.

Agora escolho me respeitar mais.

Agora escolho proteger meu espaço.

Agora escolho fortalecer minha autoconfiança.

Finalize o exercício repetindo e sentindo essas afirmações várias vezes.

A repetição envolvendo a emoção é essencial no processo de aprendizado e estabelecimento de uma intimidade e coerência com a nova sensação, além da criação de uma nova "programação" mental que sobrescreve a antiga.

PARA PRATICAR: ESCREVA UMA FRASE COM EMOÇÕES DISFARCE

Siga o exemplo:

1. Eu sinto (emoção disfarce) ANSIEDADE porque acho que se (comportamento) TIVER SUCESSO, eu serei (o que acho que pode acontecer de negativo) CRITICADO em vez de (o que acho que pode acontecer de positivo) INCENTIVA-DO e por isso (comportamento + disfarce) EU DESISTO E FICO ANSIOSO.

2. Agora escreva uma frase de poder que equilibre a primeira.

Exemplo

Eu vivo meu sucesso com entusiasmo e merecimento.

PARA PRATICAR: CONECTANDO-SE COM O SEU ENTUSIASMO OU OUTROS SENTIMENTOS EMPODERADORES

Muitas vezes não sabemos mais o que faz nosso coração vibrar de alegria, o que a nossa alma deseja. Mas existe um exercício simples e fácil para recuperar essa sensação.

Descreva, desde a sua infância, lembranças emocionantes, momentos e situações que despertaram sua vibração positiva.

Exemplos

Foi entusiasmante para mim quando tinha 6 anos e ganhei um cachorrinho, foi uma surpresa maravilhosa...

94 | CUIDAR DE QUEM EDUCA

Quando aprendi a nadar foi muito entusiasmante. Lembro que estava na praia com meu pai e ele me ensinou...

Quando me formei na faculdade, senti uma grande emoção e vontade de ir em direção ao meu sonho, foi uma vibração muito positiva...

Após descrever as lembranças positivas, reflita e responda às perguntas a seguir:

1. Observando seus momentos, consegue se reconectar com seu entusiasmo?

2. O que você encontra de comum nesses momentos?

3. Tem alguma atividade que você listou e que pode fazer hoje ou nos próximos dias?

4. O que você escolhe fazer na sua vida para se reconectar com seu entusiasmo?

PARA VER E REFLETIR

Com amor... Da idade da razão, dirigido por Yann Samuell[35]

"Cara eu mesma, hoje faço 7 anos e escrevo esta carta para te ajudar a lembrar das promessas que fez na idade da razão e também do que eu quero ser quando crescer..."

Esse filme nos convida a fazer uma reflexão sobre quanto, no decorrer da vida, nos esquecemos dos nossos sonhos e ideais de quando criança. Crescendo, começamos a construir as "estruturas" dos "não posso", "não devo", "é impossível" que vestimos como uma armadura colada dolorosamente na nossa pele para nos ajustar ao que os outros esperam de nós e ao que os nossos medos nos forçam a fazer. Assim, perdemos de vista nossa autenticidade, nossa

---

35. COM amor... da idade da razão. Direção: Yann Samuell. França, Bélgica: Mars Distribution, 2010. (1h37min)

verdade, alegria e confiança em nós mesmos, nos outros e na vida. Não vivemos mais, apenas sobrevivemos e nos conformamos, escondendo quem somos, nosso brilho e o que realmente queremos. Nos fechamos de tal forma que não sentimos mais nosso coração e acabamos esquecendo o caminho da felicidade.

Quem somos realmente se retirarmos as "roupas e máscaras" que no decorrer da vida colocamos por achar que só assim poderíamos não sofrer e ser aceitos e amados?

O que sua criança de 7 anos lhe diria olhando para você hoje?

Acesse o QR Code para um resumo do capítulo e uma meditação guiada:

CAPÍTULO 7
CONVICÇÕES E CONSTRUÇÃO DO MINDSET

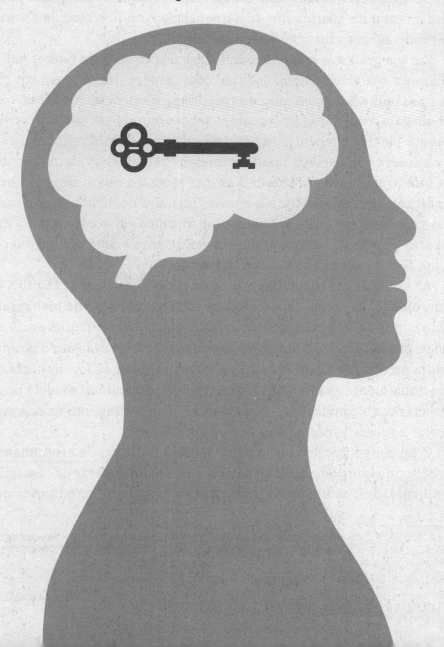

> "As crenças das pessoas sobre suas habilidades têm um grande efeito nessas capacidades."
>
> Albert Bandura, psicólogo e professor da
> Universidade Stanford (1925-2021)[36]

Aquilo que acreditamos sobre nós mesmos desempenha um papel fundamental no sentimento de autoeficácia e no processo de ensino-aprendizagem e absorção de conhecimento.

Em sua prática, o professor é influenciado por diversos fatores que se referem a sua vida pessoal, às interações construídas no meio em que vive, aos seus relacionamentos e às próprias experiências. Tudo isso contribuiu para construir a forma como enxerga o mundo, as crenças e convicções que ele traz também para a sala de aula e na relação com os alunos.

Às vezes, somos confrontados com encruzilhadas na vida, momentos em que precisamos fazer escolhas que afetarão nosso futuro, nossa condição, nossa personalidade e nossa maneira de lidar com o mundo. Mas com base em quais fundamentos fazemos essas escolhas? O que nos leva a optar por um caminho em vez de outro? Será que realmente somos livres para tomar nossas decisões?

Ao longo do desenvolvimento, as crianças absorvem da família, da comunidade, da escola e da sociedade uma combinação de mensagens sobre o mundo, as pessoas e sobre eles mesmos, seus talentos e dificuldades, possibilidades e limitações, seus erros e acertos. Para a pesquisadora americana Carol Dweck[37], a forma como cada jovem processa emocionalmente as mensagens que recebe, constrói um modelo mental - crenças e convicções - que orienta o comportamento na sua vida escolar e sucessivamente na sua vida adulta.

O jovem pode criar um modelo mental positivo, de crescimento, acreditando que pode se desenvolver, aprender e superar os desafios e as dificuldades; ou um modelo mental fixo e limitado, acreditando que

---

36. BANDURA, A. Self-efficacy: Toward a Unifying Theory of Behavioral Change. **Psychological Review**, v. 84, n. 2, p. 191–215, 1977. Disponível em: http://dx.doi.org/10.1037/0033-295x.84.2.191. Acesso em: 31 ago. 2023.

37. DWECK, C. S. **Mindset**: a nova psicologia do sucesso. Rio de Janeiro: Objetiva, 2017.

é difícil superar os desafios, desistindo facilmente e não colocando em prática todo o seu potencial.

No decorrer de nossa jornada, encontramos várias dessas encruzilhadas, nas quais nos orientamos de acordo com nossa personalidade, nossas inclinações, habilidades, experiências, objetivos, forma de pensar, visões de mundo e emoções que vivenciamos. Nesse contexto, o autoconhecimento e a auto-observação surgem como a chave para guiar nossas escolhas de maneira mais fluída e natural.

Hábitos, pensamentos, emoções, percepções e convicções têm um impacto significativo em nossa realidade. A epigenética confirma que não somos apenas vítimas de nossa herança genética, mas sim cocriadores da realidade que experimentamos.[38]

Segundo António Damásio, o cérebro não é um espelho que reflete a realidade, mas um conjunto de peças, assim como as de Lego, com as quais continuamente reconstruímos internamente nossa percepção da realidade externa.[39]

Quando compreendemos isso, uma luz se acende em nosso interior, deixando claro que somos nós que controlamos as peças do Lego e que podemos usá-las de maneiras diferentes, desconstruindo e reconstruindo continuamente.

Considerando que não enxergamos o mundo como ele é, e sim por meio dos filtros de nossas convicções, é necessário limpar, atualizar e questionar esses filtros de percepção pelos quais olhamos e interagimos com a realidade. Como professores, trazemos para a sala de aula nossas crenças e convicções adquiridas ao longo da vida, mesmo que inconscientemente, e o entendimento de como funcionam as crenças é fundamental, seja na vida pessoal, seja com os alunos, pois elas condicionam profundamente as dinâmicas na sala de aula, o aprendizado e os relacionamentos interpessoais.

Aquilo que acreditamos sobre nós mesmos desempenha um papel crucial no sentimento de autoeficácia. Confiar ou não na capacidade de

---

38. LIPTON, B. H. **A biologia da crença**. São Paulo: Butterfly, 2007.
39. DAMÁSIO, A. R. **O mistério da consciência**: do corpo e das emoções ao conhecimento de si. São Paulo: Companhia das Letras, 2000.

aprender e se desenvolver impacta o posicionamento do estudante no seu desempenho acadêmico e na sua vida.[40]

O maior engano que podemos cometer é permanecer presos em nossas opiniões e convicções preconcebidas. Quando somos capazes de colocá-las em discussão, nos tornamos mais livres e abertos para examiná-las, ampliá-las e até mesmo transformá-las. Podemos nos perguntar: "Será que minha crença seria a mesma se tivesse nascido em outro país? Se não fosse homem ou mulher? Se fosse mais jovem ou mais velho?".

Atualmente, a neurociência revela[41] que nosso sistema de crenças é suportado por uma base fisiológica representada por redes neurais que são maleáveis graças à neuroplasticidade e que respondem à experiência, à aprendizagem e a novas percepções. Isso nos confirma que é possível transformar as crenças limitantes, mesmo que, frequentemente, nos sintamos presos em um "molde" construído ao longo da vida por meio da educação e experiências. Esses padrões muitas vezes se solidificam em uma estrutura rígida e pesada, sufocando e paralisando nossa energia vital, capacidade de sentir emoções, criatividade, realização de objetivos e alegria de viver.

Esse "molde" representa todas as formas pelas quais interpretamos os acontecimentos da vida e podemos incluir algumas distorções cognitivas que, quando usadas de maneira negativa, também limitam nossa vida:

1. **Generalização**: essa distorção é um padrão de pensamento que leva uma pessoa a concluir que tudo dará errado com base em um único evento negativo, mesmo que esse evento não seja uma experiência pessoal. Quando utilizada de maneira negativa, essa distorção mental leva a pessoa a fazer afirmações como "sempre", "nunca", "jamais", "todo mundo", "todas as vezes", que generalizam situações.

2. **Pensamento "tudo ou nada"**: ocorre quando a pessoa enxerga a realidade como apenas preta ou branca, sem considerar

---

40. NG, B. The Neuroscience of Growth Mindset and Intrinsic Motivation. **Brain Sciences**, v. 8, n. 2, 2018. Disponível em: http://dx.doi.org/10.3390/brainsci8020020. Acesso em: 2 set. 2023.
41. RELVAS, M. P. **Neurociência e educação**. Rio de Janeiro: WAK Editora, 2009.

nuances ou flexibilidade. Se uma situação é percebida como imperfeita, é vivenciada como um fracasso completo.

3. **Querer ter sempre razão**: a pessoa acredita que não ter razão em um determinado assunto ou em uma discussão destrói seu valor pessoal e, assim, mesmo que os fatos estejam confirmando outras ideias, ela continua com suas argumentações, destruindo relacionamentos e parcerias.

4. **Interpretação mental**: quando a pessoa acha que sabe o que os outros pensam, sentem, necessitam ou gostam, acredita saber por que algo aconteceu ou por qual motivo alguém tomou uma determinada decisão ou fez determinada ação, porém não dedica o tempo necessário para entender o que de fato é a realidade.

5. **Catastrofização ou atenção direcionada ao negativo**: é um padrão de pensamento que leva a pessoa a acreditar que tudo dará terrivelmente errado, sem considerar outras possibilidades de resultados. A pessoa concentra sua atenção apenas no negativo. Ela tem certeza de que enfrentará o pior trânsito, a fila mais longa no supermercado, todos os semáforos estarão vermelhos, ou de que não conseguirá a vaga no trabalho que deseja, por exemplo.

6. **Minimizar o positivo**: nessa distorção cognitiva, a pessoa irracionalmente desvaloriza ações, qualidades, resultados e experiências positivas que ocorrem em sua vida. Ela diminui seus próprios sucessos e não se sente merecedora de reconhecimento.

Acredito que talvez você tenha se identificado com algumas dessas distorções cognitivas, confirmando que o nosso maior inimigo reside em nossa própria mente.

Essas distorções e as crenças limitantes criam os marcadores somáticos que vimos anteriormente e, consequentemente, nos prendem ao passado e à negatividade.

São programações mentais que agem como sabotadores internos, criando obstáculos e barreiras na nossa realização. Muitas vezes, não percebemos que estamos nos sabotando, e em outras ocasiões, embora tenhamos consciência disso, não sabemos como romper esse círculo vicioso.

Podemos resumir os sabotadores internos como sentimentos enfraquecedores que podem impactar negativamente a realização pessoal e profissional, por exemplo: medo do fracasso; autocobrança; autocritica; culpa; vergonha; autorrejeição; sentimento de inferioridade; comparação excessiva com os outros; sentimento de não merecimento, de não ser bom e suficientemente capaz; sentimentos de insatisfação com a própria vida; falta de expressividade emocional; culpabilização dos outros; vitimização; perfeccionismo excessivo; resistência à mudança; e necessidade de aprovação constante.

Observe algumas crenças limitantes associadas a esses sabotadores internos e suas consequências na vida pessoal e profissional:

1. Perfeccionismo excessivo:
- **Crença limitante**: "Só serei valorizado se tudo for perfeito".
- **Vida pessoal**: baixa autoestima, dificuldade em aproveitar o momento presente, relacionamentos prejudicados.
- **Vida profissional**: procrastinação, falta de produtividade, dificuldade em alcançar metas.

2. Autocrítica constante:
- **Crença limitante**: "Sou inadequado e não sou bom o suficiente".
- **Vida pessoal**: baixa autoestima, falta de confiança, dificuldade em estabelecer relacionamentos saudáveis.
- **Vida profissional**: insegurança, falta de autoconfiança, menor progresso na carreira.

3. Medo do fracasso:
- **Crença limitante**: "Se eu falhar, serei um fracasso completo".
- **Vida pessoal**: evita tomar riscos, falta de crescimento pessoal, arrependimentos futuros.
- **Vida profissional**: evita assumir responsabilidades, estagnação na carreira, falta de progresso.

4. Comparação excessiva com os outros:
- **Crença limitante**: "Eu nunca serei tão bom quanto os outros".

- **Vida pessoal**: sentimentos de inadequação, inveja, baixa autoestima.
- **Vida profissional**: baixa autoconfiança, falta de reconhecimento das próprias conquistas, menor competição.

5. Vitimização:
- **Crença limitante**: "As circunstâncias estão sempre contra mim".
- **Vida pessoal**: sensação de impotência, falta de responsabilidade pessoal, menor crescimento emocional.
- **Vida profissional**: falta de iniciativa, menor motivação, dificuldade em resolver problemas.

6. Resistência à mudança:
- **Crença limitante**: "A mudança é algo ruim e assustador".
- **Vida pessoal**: estagnação, dificuldade em lidar com novas situações, falta de crescimento pessoal.
- **Vida profissional**: menor adaptação, dificuldade em lidar com mudanças, estagnação na carreira.

7. Necessidade de aprovação constante:
- **Crença limitante**: "Minha validação só vem de outras pessoas".
- **Vida pessoal**: falta de autonomia, dependência emocional, dificuldade em tomar decisões.
- **Vida profissional**: dificuldade em defender ideias, falta de liderança, menor progresso na carreira.

8. Insegurança:
- **Crença limitante**: "Eu não sou capaz ou digno de sucesso".
- **Vida pessoal**: baixa autoestima, falta de confiança, relacionamentos prejudicados.
- **Vida profissional**: dificuldade em assumir desafios, falta de iniciativa, menor progresso na carreira.

9. Síndrome do impostor:
- **Crença limitante**: "Não sou competente o suficiente e eventualmente serei descoberto".
- **Vida pessoal**: autorrejeição, subvalorização das conquistas, ansiedade constante.

O maior engano que podemos cometer é permanecer presos em nossas opiniões e convicções preconcebidas.

- **Vida profissional**: menor autoestima profissional, autossabotagem, menor progresso na carreira.

10. **Medo do desconhecido**:
- **Crença limitante**: "O desconhecido é perigoso e devo evitá-lo".
- **Vida pessoal**: evita oportunidades de crescimento, falta de descoberta de novas habilidades, estagnação.
- **Vida profissional**: resistência a mudanças, falta de adaptação, menor aproveitamento de oportunidades de carreira.

Questionar sabotadores internos, distorções cognitivas e convicções antigas e limitantes significa começar a se libertar gradualmente dos padrões de insatisfação e dos programas obsoletos. Significa também liberar o peso da culpa, desamarrar as correntes do sofrimento e encontrar liberdade, renovação e plenitude de energia para descobrir que existem novos horizontes a serem vividos.

Ao ficarmos presos em respostas automáticas, perdemos a capacidade de acreditar que as limitações não são intransponíveis. Perdemos a noção de que podemos mudá-las e transformá-las e, assim, evoluir, amadurecer, progredir e finalmente sair do "molde" e da prisão emocional que construímos.

Precisamos lembrar que essas ideias limitantes e sabotadores internos são transitórios, se modificam com o tempo e com as nossas experiências de vida, não são fixos e podemos intencionalmente transformá-las e construir ideias que expandam nossa consciência e realização. É fundamental ter consciência de que estamos constantemente criando nossa experiência subjetiva da realidade e, a partir disso, reconhecer que é possível ressignificar esses padrões de distorção cognitiva. Dessa forma, seremos capazes de enxergar a vida de uma maneira diferente e encontrar as oportunidades de felicidade que ela oferece.

Quando falamos de crenças e convicções, temos também que ter em mente que o nosso cérebro é construído para mudar de acordo com as experiências vivenciadas, modificando sua funcionalidade conforme o seu uso e que só é capaz de enxergar aquilo que desenvolveu habilidade para enxergar.[42] Portanto, aquilo que não vivemos e não experimentamos

---

42. MERZENICH, M. **Soft-wired**: How the New Science of Brain Plasticity Can Change Your Life. San Francisco: Parnassus Publishing, 2013.

passa despercebido por nossa mente, que é incapaz de reconhecer sua importância e relevância.

Você já percebeu que quando você compra um carro novo, seja ele de modelo diferente, seja com uma nova cor, parece que em seguida você percebe mais carros iguais na estrada?

Ou se você está grávida, parece que aumentou o número de grávidas que você encontra na rua?

Esse fenômeno acontece quando a nossa consciência de algo aumenta e fica atenta àquela situação ou aquele objeto se repetindo no cotidiano. O nosso cérebro está, dessa forma, simplesmente fortalecendo algumas informações recém-adquiridas e utilizando a atenção seletiva para encontrar confirmações dessa nova importante informação.

Ou seja, a partir do momento que entendemos que o nosso cérebro decide quais informações precisam de atenção na nossa vida e quais podem ser filtradas e ignoradas por não serem percebidas como importantes no momento, temos então um caminho das pedras de como fortalecer novas convicções. Quando você escolhe novas convicções, novas crenças, decide novos comportamentos, novas formas de pensar e agir, seu cérebro percebe essa relevância e as seleciona na sua realidade. Agora, ao invés de serem filtrados e descartados, esses novos padrões ficarão em primeiro plano e no centro da sua atenção.

Quando você faz um trabalho interior de transformação e mudança de padrões mentais e de comportamentos, permita-se sentir que essas novas informações são realmente importantes para você, de modo que o seu cérebro comece a identificar no contexto externo situações e exemplos que confirmem essas novas formas de pensar e agir.

PARA PRATICAR: QUESTIONANDO AS SUAS CRENÇAS LIMITANTES

Escolha três de suas crenças limitantes e, para cada uma delas, pergunte-se:

1. Como construí essa crença?

2. Quanto atualmente acredito nela?

3. Por que continuo acreditando nela?

4. O que poderia me fazer mudar de ideia?

5. Minha convicção mudaria se as minhas condições de base fossem diferentes – se tivesse nascido em outro país, se fosse mais jovem ou mais velho, se fosse do sexo oposto ou se tivesse outra religião?

6. Com qual crença empoderadora eu poderia mudar essa crença limitante?

PARA PRATICAR: RESSIGNIFICANDO AS SUAS CRENÇAS LIMITANTES

Substitua a crença limitante pela crença que você quer expandir e que está conectada a sua essência e sua verdade. Visualize e identifique como você se sente com essa crença, como você pensa e age, e comece a "corporificar" isso, integrando essa sensação no seu dia a dia. Quanto mais forte ficar a referência emocional dessa nova crença, mais ela se manifestará naturalmente na sua vida.

Exemplos

1. Crença limitante: "Só serei valorizado se tudo for perfeito".

2. Crença empoderadora: "Eu reconheço meu valor".

3. Crença limitante: "Eu me sinto inadequado e não sou bom o suficiente".

4. Crença empoderadora: "Eu acredito nas minhas capacidades e valor pessoal".

5. Crença limitante: "Sou um fracasso completo".

6. Crença empoderadora: "Eu confio em mim mesmo e nas minhas habilidades".

> **PARA VER E REFLETIR**
>
> *Mãos talentosas*, dirigido por Thomas Carter[43]
>
> O filme conta a história de superação do protagonista, que teve uma trajetória bem difícil: cresceu em um lar complicado, com a mãe sozinha e um irmão, em meio à pobreza e ao preconceito, com dificuldade na escola e com raiva nas atitudes. Ele tem tudo para não dar certo na vida, mas o filme mostra o caminho de superação do jovem Benjamin e o que realmente o ajudou a construir uma trajetória de resgate, mudando seu futuro e realizando seu sonho.
>
> Entre as muitas lições e reflexões do filme, podemos destacar a possibilidade que o ser humano tem de desvencilhar-se das amarras que o prende ao passado e transformar suas crenças e convicções limitantes em crenças empoderadas.
>
> Todos nós podemos transformar atitudes e treinar novas formas de pensar e sentir, especialmente em relação a nós mesmos, ampliando a força interior e a mentalidade resiliente.

Acesse o QR Code para um resumo do capítulo e uma meditação guiada:

---

43. MÃOS talentosas. Direção: Thomas Carter. Estados Unidos: Sony Pictures Television, 2009. (1h30min)

CAPÍTULO 8
O PROCESSO CONTÍNUO DE CONEXÃO ENTRE CORPO, AÇÃO E CONHECIMENTO

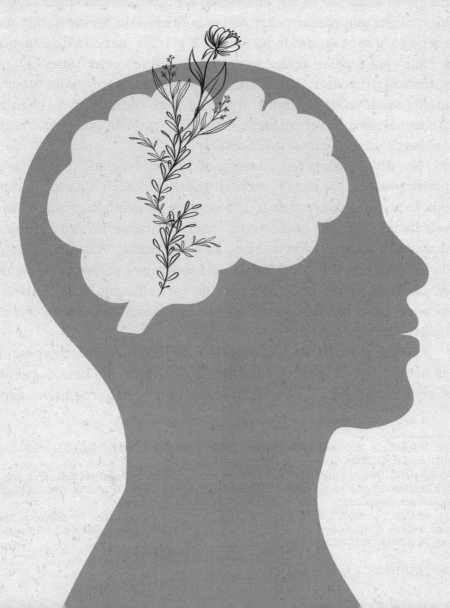

A COGNIÇÃO CORPORIFICADA

> "Pensamos com o nosso corpo e com as nossas emoções, não existindo razão pura."
>
> António Damásio, neurologista[44]

Já percebemos que qualquer experiência que acontece afeta inteiramente o nosso ser físico, emocional e cognitivo. Qualquer acontecimento tem que passar pelos sistemas sensoriais, atravessando nosso corpo para ser registrado na mente. E a única maneira de a mente se tornar real é pelas ações do corpo. Qualquer experiência altera a estrutura física e também as emoções e os pensamentos. Um funcionamento saudável do ser humano é tanto físico como afetivo e cognitivo. O corpo armazena recordações, emoções e traumas, podendo criar bloqueios de energia no corpo e tensões.

Nos últimos vinte anos, a teoria do *embodied cognition* (cognição corporificada ou incorporada, em português)[45] forneceu uma sólida contribuição ao conhecimento do funcionamento da mente humana, trazendo evidências a favor de uma estreita conexão entre as funções mentais e as interações entre o corpo, as emoções e o ambiente. A cognição integrada ao corpo tem sido considerada uma abordagem relevante no contexto educacional, favorecendo processos de aprendizagem mais efetivos, indicando que a aprendizagem depende da troca mútua entre o cérebro e todas as partes do corpo.[46]

A cognição corporificada representa a maior novidade nas pesquisas da neurociência cognitiva dos últimos vinte anos. Na base dos estudos sobre o tema, está a confirmação de que os processos cognitivos depen-

---

44. DAMÁSIO, A. R. **O erro de Descartes**: emoção, razão e o cérebro humano. São Paulo: Companhia das Letras, 2005.

45. LAKOFF, G. Explaining Embodied Cognition Results. **Topics in Cognitive Science**, v. 4, n. 4, p. 773–785, 2012. Disponível em: https://onlinelibrary.wiley.com/doi/10.1111/j.1756-8765.2012.01222.x. Acesso em: 18 ago. 2023.

46. SHAPIRO, L.; STOLZ, S. A. Embodied Cognition and its Significance for Education. **Theory and research in education**, v. 17, n. 1, p. 19–39, 2019. Disponível em: http://dx.doi.org/10.1177/1477878518822149. Acesso em: 31 ago. 2023.

dem, refletem ou são influenciados pelos sistemas de controle do corpo, em um processo contínuo de conexão entre corpo, ação e conhecimento.

O corpo é a primeira entidade da qual o ser humano tem experiência, o principal e privilegiado canal de acesso ao conhecimento dos acontecimentos do mundo, dos objetos e das pessoas ao nosso redor.

O conhecimento definido apenas como o processamento de aquisição de informações já se tornou obsoleto e, com a cognição corporificada, foi confirmada a ideia de que a cognição é desenvolvida como uma atividade, mediada pelo corpo. Essa teoria nos leva a considerar o corpo um dispositivo de ação através do qual, ao realizar experiências, é possível desenvolver o aprendizado e produzir conhecimento. A cognição corporificada confirma o papel fundamental do corpo da criança na construção das funções executivas; da criação do pensamento abstrato e da lógica; da experiência subjetiva; da consciência das próprias emoções; e da própria visão de mundo.

Além disso, a cognição corporificada permite ao indivíduo estar consciente de si mesmo, dos outros e do ambiente ao redor, ajudando-o a manter-se atento àquilo que sente e faz, presente na relação com o outro e com o contexto.

Nesse cenário, o valor didático do corpo e sua capacidade cognitiva se manifestam na capacidade de incorporar experiências e de expressar seu potencial transformador em ações, escolhas, decisões e intenções.

A teoria argumenta que existem contínuas interações entre as funções cognitivas superiores (memória, atenção, linguagem, percepção) e o sistema sensório-motor. Essa cognição é "corporificada" porque se baseia nas experiências corporais, que acontecem dentro de um contexto, de um ambiente. A interação entre o corpo que age e o ambiente determina o desenvolvimento das capacidades cognitivas específicas do indivíduo. O conhecimento depende, portanto, do tipo de experiências sensório-motoras que cada um de nós tem, por meio de um corpo com capacidades perceptivas e motoras específicas, unidas e integradas de maneira única e inseparável.

Assim, temos uma unidade mente-corpo a ser levada em conta no aprendizado. O corpo é considerado o primeiro instrumento no processo de aprendizagem, em que, da experiência sensório-motora da criança,

Um funcionamento saudável do ser humano é tanto físico como afetivo e cognitivo.

chega a níveis de abstração que podem ser muito complexos, como a metacognição, a capacidade dos estudantes de planejar, monitorar e avaliar o próprio progresso acadêmico.

Seja para aprender elementos simples, como reconhecimento de letras em jardins de infância, seja para aprender matérias mais complexas, como as leis da física na universidade, é muito mais fácil quando o corpo e o ambiente estão envolvidos no processo de aprendizagem.

Por exemplo, quando a criança pega uma caneta para escrever, o cérebro dela registra os estados perceptivos dessa ação – os elementos da caneta, o tamanho, a cor, o formato etc. – e os armazena na memória, integrando-os com as representações sensoriais que ela já tem depositadas lá".

Dessa integração, nascem os **símbolos perceptivos**, ou seja, registros de ativações neurais que ocorrem durante a experiência de pegar a caneta. Quanto mais se treina esse movimento, mais a ação será bem integrada na experiência da criança. Então, esses símbolos perceptivos ativarão imagens e simulações mentais úteis para outras ações similares e para sucessivos processos cognitivos ligados a esse movimento ou a canetas. Toda vez que ela for confrontada por uma situação similar, a criança terá acesso a uma "simulação mental", reativando a experiência que teve anteriormente.

Assim, de acordo com a cognição corporificada, mente e corpo estão intrinsecamente conectados. O corpo desempenha um papel central na formação da mente e os processos cognitivos estão profundamente enraizados nas interações do corpo com o ambiente e com os outros. Ou seja, essa relação entre mente e corpo é bidirecional – nossa mente influencia a maneira como o corpo reage e, ao mesmo tempo, nosso corpo, incluindo a postura que assumimos, ativa nossa mente.

Todos os comportamentos, expressões e ações envolvem o corpo e, consequentemente, as emoções.

Esse conhecimento é muito valioso para a nossa vida pessoal e profissional; não podemos esquecer do nosso corpo e de como as experiências físicas influenciam a cognição e o pensamento. Quaisquer acontecimentos e experiências da nossa vida passam pelos sistemas sensoriais, atravessando nosso corpo com as percepções e sensações, para serem registrados na mente e voltarem ao corpo, que, então, armazena-os como recordação conforme a emoção vivenciada, podendo se tornar um bloqueio, uma tensão ou uma lembrança positiva e empoderadora.

PARA PRATICAR: CULTIVANDO A NOSSA CONEXÃO CORPO, AÇÃO E CONHECIMENTO

Após a leitura, não é surpresa alguma que nossa postura corporal influencia nosso estado interno e comportamento, certo?

Se você assumir uma "posição corporal de confiança inabalável" durante dois minutos, o corpo acompanhará essa postura também biológica e quimicamente, ativando a emoção de confiança inabalável.

Tendo isso em vista, experimente assumir uma postura corporal que você julga passar a sensação de confiança inabalável. Permaneça nessa posição por dois minutos ou mais. Perceba como suas emoções acompanham seu corpo.

Após esse primeiro exercício, experimente caminhar como um rei ou uma rainha. Quando sair na rua, ajuste a postura, os ombros, a cabeça, e imagine seu brilho, sua energia e força interior se ativarem e se manifestarem no seu corpo e postura.

PARA REFLETIR

Dialogue com seu corpo

Qualquer experiência afeta inteiramente o nosso ser físico, emocional e cognitivo, influenciando e alterando tanto nossa estrutura física como nossas emoções e nossos pensamentos.

Há mais de trinta anos estudo a Linguagem Corporal Inner Vision, com a qual trabalho. Trata-se de uma técnica que criei para decodificar a história emocional da pessoa pelo corpo, e pela qual sou apaixonado e que explicita essa relação tão única e perfeita entre o nosso ser físico, emocional e cognitivo.

Reflita comigo:
Você fala com seu corpo?
Você ouve o que ele tem a te dizer?
Você o agradece e respeita?

Permita-se sentar alguns minutos em uma posição confortável, respirar de modo profundo e suave algumas vezes e direcionar a sua atenção ao seu corpo, dos pés até a cabeça.

Sinta todo o seu corpo. Esse é o momento para isso.

Agora, perceba: quais os sinais que ele está lhe enviando através de dores, incômodos e sensações?

Pergunte a ele: "Há alguma mensagem que queira me transmitir?".

A mensagem de seu corpo pode vir na forma de pensamentos, palavras, imagens, ideias, sentimentos, memórias... Esteja aberto a ouvir.

Depois, escreva as suas percepções e reflita sobre o que você anotou.

COGNIÇÃO CORPORIFICADA E IMAGEM MENTAL

"A maior descoberta da minha geração é que o ser humano pode alterar a sua vida mudando sua atitude mental."

William James, filósofo e psicólogo estadunidense[47]

Já vimos que, nos últimos vinte anos, os neurocientistas começaram a dar respostas à questão: onde são elaborados, no nível cerebral, os conceitos que são as unidades elementares do raciocínio, da cognição e do significado da linguagem? Assim, os neurocientistas passaram a valorizar cada vez mais a cognição corporificada, identificando contínuas interações entre as funções cognitivas superiores e o sistema sensório-motor.

---

47. JAMES, W. **Pensador**. Disponível em: https://www.pensador.com/frase/NTI4Njk2/. Acesso em: 14 ago. 2023.

Para compreender as bases neurofisiológicas da cognição corporificada, é necessário focar uma premissa fundamental: nós temos a capacidade de não apenas perceber e agir, mas também de imaginar um objeto, uma situação ou uma ação.

Os dados neurofisiológicos mostraram que as capacidades de imaginar e de fazer usam um substrato neurológico compartilhado, tanto no que se refere à imaginação de um ato motor quanto no que se refere à percepção de algo.[48]

Para chegar aos conceitos e para raciocinar sobre as situações, nos servimos do mesmo substrato neuronal que usamos para imaginar e que é compartilhado com a experiência sensório-motora. Imaginar é um tipo de simulação mental de ação e percepção, que utiliza muitos dos mesmos neurônios efetivamente ativos na ação e percepção.

Um movimento motor imaginado e exercitado mentalmente ativa uma pequena atividade elétrica na musculatura, produzindo microcontrações e, consequentemente, uma preparação para o movimento real.

A imaginação, assim como a percepção e a ação, é algo incorporado, ou seja, estruturado pela interação constante com o mundo, através do corpo e do cérebro. Para compreender algo é necessário poder imaginar, e para fazer isso é preciso criar uma simulação mental.

É graças à simulação sensório-motora de base que podemos começar a criar dentro de nós a possibilidade de imaginar uma ação sem cumpri-la. E é exatamente essa capacidade imaginativa que nos permite passar do concreto à abstração – conectando as experiências, imaginando modificá-las e aplicá-las em outros contextos.

O ser humano tem uma capacidade única e de alto nível para criar a realidade: a capacidade de simular imagens mentais. Exercitar nossa mente significa visualizar, sentir e ouvir o que queremos; imaginando, de modo consciente, uma ação ou resultado que esteja de acordo com o nosso objetivo. Ou seja, criar imagens mentais da realidade desejada.

A imagem mental é o real momento da criação de novos circuitos neurais e, consequentemente, de novos comportamentos. Com as ima-

---

48. GALLESE, V.; LAKOFF, G. The Brain's Concepts: the Role of the Sensory-motor System in Conceptual Knowledge. **Cognitive Neuropsychology**, v. 22, n. 3-4, p. 455-479, 2005. Disponível em: http://dx.doi.org/10.1080/02643290442000310. Acesso em: 14 ago. 2023.

gens visualizadas é possível operar processos de simulação mental. Exercitando nossa mente nas imagens mentais que queremos e sentindo a emoção envolvida, modelamos e reorganizamos nossas células cerebrais como se estivéssemos fazendo realmente aquelas ações. Tal capacidade permite antecipar o que aconteceria na situação física análoga, evitando assim muitos procedimentos de tentativa e erro. Desta forma, nosso cérebro se antecipa sobre o ambiente por meio do exercício mental direcionado e pode decidir ações antes que as experiências externas e concretas aconteçam.

Podemos dizer que nossa mente funciona como um simulador e é com nossos pensamentos que realizamos esse processo. À medida que criamos novas redes neurais, por meio da simulação mental, enfraquecemos as antigas que percorriam em nosso cérebro, já que ele não reconhece a diferença entre fazer efetivamente algo ou imaginar fazê-lo, pois a ação, a percepção e a simulação ativam as mesmas redes funcionais no cérebro, lembra? Por isso, é de extrema importância criar essas imagens com foco sempre no resultado que queremos.

Existem duas estratégias fundamentais para o sucesso desse exercício de simulações mentais, que são:

1. **O componente emocional** associado às imagens mentais. Ou seja, é importante carregar a simulação dessas imagens com emoções positivas, pois isso evidencia e confirma a relevância e a importância do resultado visualizado e, assim, fortalece a automotivação e o entusiasmo.

2. **A repetição**, já que, quando repetimos várias vezes aquela imagem mental com a emoção presente, criamos uma rede neural forte em nosso cérebro até que esses novos programas não precisem de esforço para serem lembrados e realizados.

É preciso manter as informações novas e positivas na mente tempo o suficiente para "ligar" um número razoável de células nervosas, ativar novas conexões e criar novas sequências e esquemas mentais mais fortes. Esse tempo depende de cada pessoa.

Com a nossa atenção direcionada e intenção consciente, criamos uma representação interna, um ensaio mental tão real daquilo que queremos que começamos a formar novas conexões em nosso cérebro, que serão depois arquivadas como lembranças e que ficarão à disposição para serem utilizadas quando necessário.

Quando as pessoas imaginam que estão se movendo, um plano de ação é disparado do sistema nervoso central para os músculos, proporcionando uma forma de treinamento na ausência de movimento real do corpo. Dessa maneira, a excitação do padrão neuromuscular pode ser iniciada pelo treino mental.

Temos a capacidade de representar imagens mentais e de fazê-lo com base em todas as modalidades sensoriais. Podemos não só ver as mais diversas pessoas, objetos, cenários e movimentos, como também ouvir sons, sentir toques, cheiros e gostos, estados afetivos e emocionais.

Como nos ensina o neurocientista António Damásio: "Se você olhar pela janela para uma paisagem de outono, se ouvir a música de fundo que está tocando, se deslizar seus dedos por uma superfície de metal lisa ou ainda se ler estas palavras, linha após linha, até o fim da página, estará formando imagens de modalidades sensoriais diversas".[49]

Enriquecendo as imagens mentais, através da construção e modificação das características das imagens, melhoramos o desempenho numa variedade de atividades como o foco, a atenção direcionada, a memória, a aprendizagem, a clareza mental e a motivação à ação.

Podemos, então, intencionalmente mudar as características da imagem – que a programação neurolinguística chama de **submodalidades** –, deixando-a mais colorida, ou mais longe, ou com a música de que você mais gosta, ou com um diálogo interno poderoso e de automotivação etc. Pois mudando intencional e conscientemente as submodalidades de uma imagem, mudamos a representação interna e as emoções envolvidas que a imagem evoca.

Exemplos

1. A imagem tem cores ou é em branco e preto? Tem brilho? É grande ou pequena? É próxima ou distante? Tem foco? É luminosa ou não? É uma imagem ou um filme? (Submodalidades visuais.)

---

49. DAMÁSIO, A. R. **O erro de Descartes**: emoção, razão e o cérebro humano. São Paulo: Companhia das Letras, 2005.

2. Essa imagem – ou filme – tem sons? Tem diálogos ou música? O volume é alto ou baixo? Tem diálogo interno? (Submodalidades auditivas.)

3. Ela tem sensações corporais, temperatura? Tem sabores ou cheiros? Quais emoções? (Submodalidades cinestésicas.)

Construir imagens mentais emocionalmente poderosas é importante, pois cada momento da nossa vida tem um substrato emocional. Quando vivemos uma emoção forte, tendemos a gravar as imagens e os detalhes associados àquele momento, de forma mais nítida e brilhante, facilmente recordáveis e capazes de desencadear a lembrança de outras memórias associadas, devido ao seu carácter emocional intenso.

Uma imagem mental particularmente viva e detalhada, indelével em nossa memória, é formada dos eventos que tiveram um grande impacto emocional para nós. Isso cria uma memória chamada *flashbulb memory*, ou memória cintilante, quer dizer, uma lembrança com forte carga emocional, um alto nível de possibilidade de que o evento traga consequências significativas, que podem ser positivas ou negativas, sobre a própria vida e a dos outros.

A denominação desse fenômeno é de Brown e Kulik.[50] Os autores fazem uso dessa expressão para explicar uma memória particularmente real associada a um momento emocionalmente muito intenso. Em outras palavras, quanto mais forte a emoção experimentada, maior a probabilidade de ela se transformar em uma lembrança bem fixada na memória. A neurociência fornece a confirmação fisiológica disso: a amígdala e o hipocampo – duas áreas cerebrais particularmente ligadas à esfera emocional – são ativados em sinergia durante os processos que levam à formação de memórias.

Entre memória e emoção existe uma forte conexão que nós, educadores, encontramos nas experiências cotidianas das práticas pedagógicas, ou seja, já verificamos que os alunos lembram mais facilmente aquilo que provoca uma emoção intensa, por isso é importante que seja uma emoção positiva e empoderadora.

---

50. BROWN, R.; KULIK, J. Flashbulb Memories. **Cognition**, v. 5, n. 1, p. 73-99, 1977. Disponível em: https://www.sciencedirect.com/science/article/pii/001002777790018X. Acesso em: 31 ago. 2023.

Devemos, portanto, ficar atentos à qualidade das nossas imagens mentais. António Damásio desenvolveu o conceito do "como se..." (*As If Body Loop*), que funciona no nosso cérebro como um simulador: é "como se..." a ação estivesse acontecendo, criando, assim, imagens mentais de si mesma. Vale relembrar que isso só é possível porque o marcador somático é ativado tanto na experiência real quanto nas imagens, simulações e ensaios mentais.

Você pode utilizar esse conceito a seu favor, incentivando o seu cérebro a mapear os estados somáticos mesmo que eles não derivem de uma experiência pessoal e real. O "como se..." de Damásio oferece uma incrível ferramenta para gravar sensações positivas e fortalecedoras em seu corpo apenas com a imaginação e visualização.

Mas lembre-se: seus pensamentos seguem o padrão de energia da emoção estimulada. Quando você expande um estado interno de empoderamento, pensamentos coerentes se ativam e, consequentemente, ações e resultados também.

Portanto, é preciso estar atento ao que você visualiza e, no caso do professor, também àquilo que direciona o aluno a visualizar. Se você diz: "Acho que tudo dará errado" e já imagina e sente a tragédia em sua mente, saiba que você está criando uma imagem e uma sensação de que tudo dará errado, ativando essa experiência "como se..." fosse real e preparando seu corpo para agir de acordo com essa ideia e ter ações coerentes com isso.

Use o "como se..." para criar marcadores somáticos positivos, em você e nos seus alunos. Imagine situações positivas, visualize-se com as qualidades e os recursos que deseja, ou relembre momentos positivos já vividos, como se estivesse vivenciando-os no momento presente. Aproveite esse poder e transforme sua realidade emocional.

PARA REFLETIR

Quais são as imagens mentais mais presentes na sua mente? Elas ajudam ou limitam você?

Qual diálogo interno está mais presente nas suas imagens mentais? O que você fala com mais frequência para si mesmo?

PARA PRATICAR: UTILIZANDO O "COMO SE..."

Conforme você viu, podemos usar o conceito de "como se..." em nosso favor para transformar a nossa vida e criar a realidade que desejamos.

Vamos praticar essa técnica com as qualidades que você deseja expandir em sua vida, "como se..." já estivessem presentes plenamente em você:

1. Visualize o seu dia, como você quer se sentir, intensifique as sensações.

2. Visualize o resultado de seus objetivos, ajuste as características visuais, auditivas e cinestésicas da imagem mental de forma positiva para você e carregue a imagem mental de emoções positivas.

Exemplo

Crie uma imagem mental de "como se..." já estivesse sentindo a autoconfiança que deseja.

Dicas para realizar o exercício:

1. Lembre-se de usar visualização positiva.

2. Mesmo que esteja pensando em um problema, não se fixe nele, mas nas possíveis soluções.

3. Utilize os seus sentidos na imagem mental, ouça os sons, veja as cores, os perfumes e as emoções que esse cenário também desperta e deixe-os melhores ainda.

4. Lembre-se de que você está fazendo um "ensaio geral" daquilo que você quer. O nosso cérebro vai trabalhar para encontrar correspondências dessas imagens mentais com a realidade.

5. Lembre-se da importância da repetição da imagem mental para "ativar" um número suficiente de células nervosas e criar novos esquemas mentais.

EDUARDO SHINYASHIKI

PARA PRATICAR: ESCOLHA SUAS MÚSICAS EMPODERADORAS

A música e o ritmo despertam emoções intensas.

Já na Grécia antiga, a música tinha um papel preponderante, tanto que Platão e Pitágoras estudaram a influência da linguagem musical no ser humano.

A música expressa o mundo das emoções e age como um autorregulador delas. Nesse sentido, ouvir uma música de que você gosta, dependendo do momento em que você se encontra, pode mudar um estado de ânimo limitante, despertar uma emoção confiante, reforçar uma sensação otimista, trazer de volta uma lembrança positiva, relaxar e acalmar o corpo ou despertar a energia e a força interior.

O PODER DO CONTÁGIO EMOCIONAL

"Professor Eduardo, amo meu trabalho, mas o clima escolar me sufoca. Quando coloco o pé lá a angústia e o desânimo me dominam. Preciso mudar essa realidade para resgatar a paixão e a determinação por aquilo que amo tanto, a educação."

(João Carlos, Santa Catarina)

Essa colocação do João Carlos é interessante para abordar um ponto importante a ser considerado quando falamos de emoção. As emoções "passam" entre as pessoas, ou seja, são transmissíveis, e esse contágio ocorre também em um nível inconsciente e espontâneo.

Os estudos científicos e da neurociência nos confirmam que se passamos um tempo com pessoas que estão sentindo determinados estados emocionais, naturalmente seremos levados a experimentar as mesmas emoções, sejam elas agradáveis, sejam desagradáveis.

Esse fenômeno, estudado por Elaine Hatfield, John T. Cacioppo e Richard L. Rapson no livro: *Emotional Contagion*,[51] é conhecido como **contágio**

---

51. HATFIELD, E.; CACIOPPO, J. T.; RAPSON, R. L. **Emotional Contagion**: Studies in Emotion & Social Interaction. Cambridge, Cambridge University Press, 2012. Disponível em: http://dx.doi.org/10.1017/cbo9781139174138. Acesso em: 31 ago. 2023.

emocional. Nesse processo, como também evidencia Gerald Schoenewolf,[52] uma pessoa ou grupo influencia as emoções ou o comportamento de outra pessoa ou grupo através da indução consciente ou inconsciente de estados emocionais e atitudes comportamentais.

O contágio emocional é um mecanismo universal, encontrado em todas as culturas do mundo. Você já deve ter experimentado estar na companhia de pessoas e se sentir contagiados por suas emoções, positivas ou negativas. Responder a um sorriso, ser envolvido pelo entusiasmo do outro, entrar no mesmo desânimo e desmotivação dele etc. Ao longo do dia, podemos ser influenciados muitas vezes pelas emoções de quem está ao nosso redor. E isso, mesmo que não percebamos, pode ter um grande peso no nosso sentir e agir.

O contágio emocional é uma **reação inata** que pode ocorrer em maior ou menor grau, dependendo da sensibilidade de cada um, por meio de uma **imitação espontânea**, fora da nossa racionalidade, levando-nos a sentir emoções semelhantes às dos outros.

De acordo com os estudos do psicólogo americano Martin L. Hoffman da Universidade de Nova York, o contágio emocional é uma reação instintiva e acontece até com crianças imediatamente após o nascimento, quando elas ainda não são capazes de reconhecer claramente os outros e suas emoções, ou distinguir as reações externas das próprias reações internas.[53]

Esse contágio se materializa com a tendência que temos de imitar e sincronizar automaticamente expressões, tom de voz, posturas, gestos e movimentos com os de outra pessoa e, consequentemente, convergir emocionalmente, apresentando o mesmo comportamento observado no outro ou em um grupo.

Esse mecanismo automático pode ser considerado um precursor da empatia, porém se distingue dela por não se ter uma consciência de que uma emoção percebida deriva de uma emoção observada no outro. Aqui,

---

52. SCHOENEWOLF, G. Emotional Contagion: Behavioral Induction in Individuals and Groups. **Modern Psychoanalysis**, v. 15, n. 1, p. 49-61, 1990. Disponível em: https://psycnet.apa.org/fulltext/1991-19168-001.pdf. Acesso em: 31 ago. 2023.

53. HOFFMAN, M. L. **Empathy and Moral Development**: Implications for Caring and Justice. Cambridge: Cambridge University Press, 2000. Disponível em: http://dx.doi.org/10.1017/CBO9780511805851. Acesso em: 31 ago. 2023.

os processos cognitivos não estão envolvidos e a atenção é direcionada para si, e não para o mundo externo, diferentemente do que acontece em uma resposta empática, que envolve a capacidade de experimentar o que os outros sentem estando consciente que as experiências pertencem ao outro, e não a si mesmo.

Por isso, não podemos confundir contágio emocional com **empatia**. Esta última nos leva conscientemente a sentir as emoções dos outros, reconhecendo que são dos outros e fazendo um esforço para compreendê-las; no caso do contágio emocional, as emoções dos outros "grudam" em nós sem que percebamos. A empatia necessariamente vem acompanhada da **autoconsciência** e **autopercepção** de si mesmo e, separadamente, daquilo que o outro sente.

O fenômeno do contágio emocional é explicado pelos **neurônios-espelho**, que, assim como a empatia, nos conectam às emoções dos outros e seus movimentos e as "refletem" em nosso cérebro, nos "contagiando", mesmo que não estejamos na mesma situação que a outra pessoa. Isso acaba criando uma espécie de **conexão involuntária** com os outros.

O contágio emocional tem um efeito cascata, em que acontece uma transferência de emoções e sensações que influenciam automaticamente as dinâmicas dos grupos de trabalho, de sala de aula, família, amigos etc.

Assim, fica fácil compreender como nossas emoções influenciam diretamente as outras pessoas e vice-versa. Os psicólogos Gerben van Kleef e Stéphane Côté publicaram na *Annual Review of Psychology*,[54] um artigo que confirma que as emoções se espalham entre as pessoas.

O contágio emocional é um processo imperceptível e sutil que acontece constantemente, no qual são emitidos sinais emocionais, afetando as pessoas ao nosso redor.

Reconhecer o que eu estou sentindo e o que o outro está sentindo me ajuda a não entrar nesse mecanismo automático de contágio emocional, mas utilizá-lo positivamente. O contágio emocional positivo na sala de aula, pode gerar nos alunos terreno propício para melhor cooperação, resolução de problemas, diminuição de conflitos e melhora no desempenho e na motivação. E o mesmo acontece com o contágio emocional

---

54. VAN KLEEF, G. A.; CÔTÉ, S. The Social Effects of Emotions. **Annual Review of Psychology**, v. 73, n. 1, p. 629-658, 2022. Disponível em: http://dx.doi.org/10.1146/annurev-psych-020821-010855. Acesso em: 31 ago. 2023.

negativo: o indivíduo é impactado com repercussões negativas, com consequências nos resultados, na motivação, nas relações interpessoais.

Uma pessoa que demonstra medo excessivo, angústia, ansiedade ou que convive frequentemente com a frustração propaga nos outros as mesmas tonalidades emocionais. A figura do professor e suas emoções na sala de aula produzem sentimentos e emoções que influenciam a aprendizagem e a relação dos alunos com o conteúdo, com a escola, com os próprios professores e consigo mesmos.

PARA REFLETIR

Antes de interagir em qualquer cenário da nossa vida, podemos observar e avaliar como estamos nos sentindo, ao nos perguntar:

1. Como me sinto agora na minha vida, na minha casa, na minha família e no meu trabalho?

2. Qual emoção estou levando para esses espaços?

3. Consigo identificar situações em que eu entro em "contágio emocional" negativo?

4. Na sala de aula, como percebo que contagio emocionalmente meus alunos?

5. Como me relaciono afetivamente com meus alunos?

6. Como meus alunos correspondem afetivamente?

7. Como lido com os sentimentos dos meus alunos?

Somente quando escolhermos assumir a responsabilidade pelo nosso estado mental e emocional, poderemos entrar na relação de modo consciente, transmitindo um contágio emocional positivo e construtivo com as pessoas.

Reflexão

1. Como e quando os estados emocionais das outras pessoas me afetam e me contagiam, mudando a forma como me sinto, penso e ajo?

2. Meus sonhos e objetivos têm quais contágios emocionais e de quem (positivos e negativos)?

PARA PRATICAR: CONTÁGIO EMOCIONAL

Experimente, com palavras, gestos e ações simples e gentis, surpreender as pessoas do seu convívio e deixá-las mais felizes.

Cuidar daqueles que amamos, mostrando os nossos sentimentos, nosso carinho e nossos cuidados com ele, criando momentos simples de atenção, porém especiais, fortalece as ligações e potencializa as emoções positivas e prazerosas, compartilhando cumplicidade, proteção e afeto.

A alegria do outro se torna a nossa própria alegria. Criamos, assim, um contágio emocional e um contexto em que todos se recarregam de energia e segurança, consolidando as relações e nos tornando mais fortes no controle da ansiedade, da preocupação e das emoções limitantes.

PARA VER E ASSISTIR

Sementes podres, dirigido por Kheiron[55]

Nesse filme podemos ver como funciona o contágio emocional positivo. O protagonista Waël cria empatia com seus alunos e os envolve, desperta neles curiosidade e interesse, estabelece respeito e amizade.

Waël, no espelho dos seus alunos, se renova e mostra suas qualidades, valores e força interior, ao mesmo tempo que contagia os jovens a fazer o mesmo, a se enxergar e assumir o próprio valor, tendo coragem para dizer "não" à violência, à

---

55. SEMENTES podres. Direção: Kheiron. França: Mars Films, 2018. (1h40min)

humilhação e à desesperança. Eles aprendem a dizer "sim" para a vida, os valores, as relações interpessoais e os sonhos, sentindo-se merecedores de viver as oportunidades que aparecem em seu caminho.

Acesse o QR Code para um resumo do capítulo e uma meditação guiada:

CAPÍTULO 9
NEURÔNIOS-ESPELHO
◇ A CONEXÃO CONSIGO MESMO E COM OS OUTROS

> "Quando observamos um movimento, se ativa uma parte do nosso córtex que se prepara a executá-lo."
>
> Gallese Rizzolatti[56]

Por que sorrimos quando vemos alguém sorrir? Por que ficamos com olhos marejados quando a protagonista de um filme chora? Já reparou como sentimos uma vontade incontrolável de bocejar quando alguém boceja? Afinal, o que nos leva a agir de acordo com o que as outras pessoas fazem?

Em 1994, na Universidade de Parma, na Itália, os neurocientistas Giacomo Rizzolatti, Leonardo Fogassi e Vittorio Gallese descobriram neurônios que espelham em nosso cérebro as ações que observamos nos outros, iniciando uma espécie de simulação interna daqueles atos. A simples observação dessas ações ativavam as mesmas regiões no cérebro dos observadores que normalmente são estimuladas durante a ação. A essas células nervosas foi dado o nome de **neurônios-espelho.**[57]

Espalhados por partes fundamentais do cérebro – o córtex pré-motor e os centros da linguagem, da empatia e da dor –, esses neurônios agem quando realizamos uma determinada ação e nos momentos em que observamos alguém realizar essa ação. Na sua forma mais básica, isso significa que ensaiamos ou imitamos mentalmente toda ação observada.

A ação dos neurônios-espelho explica, por exemplo, como aprendemos a sorrir, falar, caminhar ou qualquer ato que tem resultado na evolução de habilidades sociais mais sofisticadas nos seres humanos.

O cérebro humano tem múltiplos sistemas de neurônios-espelho especializados em executar e compreender não apenas as ações dos outros, mas também suas intenções e suas emoções.

De acordo com Rizzolatti, "somos criaturas requintadamente sociais. Os neurônios-espelho nos permitem captar a mente dos outros não por

---

56. RIZZOLATTI, G. *et al.* Premotor Cortex and the Recognition of Motor Actions. **Brain Research. Cognitive Brain Research**, v. 3, n. 2, p. 131-141, 1996. Disponível em: http://dx.doi.org/10.1016/0926-6410(95)00038-0. Acesso em: 2 set. 2023.

57. TERUYA, A. T.; *et al.* Neurônios-espelho. **Ciências e Cognição**, 3 abr. 2014. Disponível em: http://cienciasecognicao.org/neuroemdebate/arquivos/1590. Acesso em: 14 ago. 2023.

meio do raciocínio conceitual, mas pela simulação direta. Sentindo e não pensando", e revelam como as crianças aprendem.[58]

Quando você vê alguém executar uma ação, automaticamente simula a ação no seu cérebro. Você entende as ações do outro porque já tem no seu cérebro um padrão dessa ação baseado nos seus próprios movimentos. Em resumo, ao observar a ação de outra pessoa, conseguimos interpretar suas intenções.

Ativamos os neurônios-espelho também na percepção das emoções dos outros, na observação das expressões do rosto, dos gestos, do tom de voz e das posturas. A capacidade de codificar instantaneamente essas expressões da linguagem não verbal permite ao ser humano agir com base em um mecanismo chamado **participação empática** – se você olhar alguém emocionalmente aflito por algum motivo, os neurônios-espelho do seu cérebro simulam essa mesma aflição, automaticamente fazendo com que você sinta empatia pela outra pessoa por estar, literalmente, sentindo o mesmo que ela.

É uma empatia intuitiva, rápida e espontânea; por isso, os neurônios-espelho são também chamados neurônios da empatia ou da compaixão.

De acordo com Rizzolatti e Craighero,[59] o que caracteriza e garante a sobrevivência dos seres humanos é o fato de sermos capazes de nos organizar socialmente e isso só é possível por sermos capazes de entender a ação e a emoção das outras pessoas. A capacidade que temos de entrar em ressonância com o outro e nos identificarmos com ele, em ações, intenções e emoções, nos abre à compreensão, à cooperação e ao diálogo.

A empatia é uma capacidade do ser humano não somente mental ou de comportamento social e cultural, mas também do sistema nervoso. Fisiologicamente, graças aos neurônios-espelho, temos um mecanismo biológico para criar sinergia e harmonia com os outros.

Para o neurocientista V. Ramachandran, os neurônios-espelho e a empatia que deles deriva permitiram a evolução da humanidade, pois possibilitam a comunicação com o outro, o aprendizado e a transmissão

---

58. HENNEMANN, A. L. Neurônios-espelho. **Neuropsicopedagogia na sala de aula**, 29 maio 2012. Disponível em: https://neuropsicopedagogianasaladeaula.blogspot.com/2012/05/neuronio-espelho. html. Acesso em: 14 ago. 2023.

59. RIZZOLATI, G.; CRAIGHERO, L. The Mirror-Neuron System. **Annual Review of Neuroscience**, n. 27, p. 169-192, 2004. Disponível em: http://dx.doi.org/10.1146/annurev. neuro.27.070203.144230. Acesso em: 31 ago. 2023.

do conhecimento por meio do exemplo e da imitação. Ramachandran chama os neurônios- espelho de "neurônios-Gandhi", pois eliminam a barreira entre o eu e o outro.[60]

E essa capacidade do ser humano é a base para as relações interpessoais, a comunicação e a aprendizagem, pois os neurônios-espelho dos alunos se ativam quando observam o professor. Os comportamentos e as manifestações emocionais do docente acompanham indissoluvelmente os aspectos racionais e cognitivos entre sua prática de ensino e o cérebro do aluno, o qual, por meio dos neurônios-espelho, consegue perceber as intenções e emoções do professor.

Um ponto importante para destacar é que assim como é possível estimular a empatia, também podemos neutralizá-la. Quando entramos em julgamentos, rotulando o outro, saímos da sintonia emocional e bloqueamos o processo de participação empática.

PARA PRATICAR: LENDO BIOGRAFIAS DE PERSONAGENS QUE ADMIRAMOS

M. H. Immordino-Yang aprofundou, com alguns experimentos, o efeito do espelhamento das emoções positivas nos alunos, de admiração e gratidão em relação às pessoas de quem eles gostam, verificando que essas emoções ativam a motivação no jovem a realizar ações e ter comportamentos do exemplo que ele admira.

É importante conhecer a vida, os valores e os objetivos dos personagens que admiramos em todas as áreas, pois sentimentos positivos como admiração e gratidão ajudam o aluno – e nós, docentes – a encontrar em si próprio o impulso motivador para se comprometer, agir e ativar seus recursos.[61]

---

60. RAMACHANDRAN, V. The Neurons that Shaped Civilization. **TEDIndia**, nov. 2009. Disponível em: https://www.ted.com/talks/vilayanur_ramachandran_the_neurons_that_shaped_civilization?language=is. Acesso em: 14 ago. 2023.
61. IMMORDINO-YANG, M. H. **Emotions, Learning, and the Brain**: Exploring the Educational Implications of Affective Neuroscience. New York: W. W. Norton & Company, 2015.

PARA PRATICAR: TREINANDO A GENTILEZA

A gentileza é constantemente testada pelo contexto atual em que vivemos. Falta de tempo; excesso de tarefas e preocupações; desconfiança e medo em relação ao outro; agressividade e competição... Tudo isso cria uma atitude de defesa, de incerteza, de distância e de indiferença entre as pessoas, inibindo a instintiva vontade que os seres humanos têm de empatia, união, comunhão, conexão, cooperação e apoio recíproco.

Os estudos científicos sobre a gentileza confirmam que esse ato é a expressão de equilíbrio e de harmonia interiores, de inteligência emocional e de ânimo forte e seguro, e que tem o poder de fazer com que o outro possa se sentir reconhecido, acolhido e valorizado, fortalecendo laços de respeito e confiança.

A gentileza cria ressonância e reciprocidade. Ela também é circular e retorna para a pessoa, gerando estados emocionais positivos de bem-estar e segurança. Criar sensações de segurança entre as pessoas representa o aspecto mais importante para a manutenção da saúde mental. A gentileza é uma atitude profunda que compreende (e está associada a) outras virtudes, como empatia, paciência, solidariedade, generosidade, gratidão e respeito.

No decorrer do dia, permita-se fazer um gesto (ou mais!) de gentileza com alguém, de modo intencional. Uma ação simples, mas de coração; dizer uma frase encorajadora; mostrar um sorriso; sugerir um convite para tomar um café; ajudar um amigo; preparar uma refeição; oferecer um presente; deixar um espaço limpo e arrumado para alguém; agradecer etc.

Após o seu gesto de gentileza, reflita sobre as suas sensações e as reações do outro.

PARA PRATICAR: TREINANDO A AUTOGENTILEZA

Demonstrar atenção e cuidado a si mesmo também é importante. Pratique gestos gentis com você mesmo.

> **PARA REFLETIR**
>
> *Green Book: o guia*, dirigido por Peter Farrelly[62]
>
> As diferenças entre as pessoas são complementares, e não excludentes. No filme vemos os dois protagonistas, muito diferentes, que se aproximam, entram em empatia, superam paradigmas limitantes, preconceitos e estereótipos, aprendendo um com o outro a ser seres humanos melhores e mais felizes.

QUANDO OS NEURÔNIOS-ESPELHO PERDEM A EMPATIA

A indiferença é uma sombra que paira sobre a vida humana, obscurecendo nossos relacionamentos e minando nossa própria essência. Mas o que nos leva a ser indiferentes, tanto em relação a nós mesmos quanto aos outros? Uma resposta crucial reside na forma como julgamos e "coisificamos" a nós mesmos e aos demais, transformando a todos em objetos sem vida e destituídos de humanidade.

Os neurônios-espelho, essas extraordinárias estruturas cerebrais que nos conectam emocionalmente aos outros, desempenham um papel fundamental na empatia e na compreensão mútua. Porém, quando emitimos julgamentos cruéis sobre nós mesmos ou sobre outras pessoas, algo se quebra dentro de nós. Os neurônios-espelho, que normalmente nos permitem compartilhar experiências e sentimentos, são desativados.

Quantas vezes, como professor, você presenciou na sala de aula alunos que rotulavam outros de maneira negativa e cruel, fazendo-os alvo de piadas e tratando-os de forma insensível, rejeitando-os e deixando-os sozinhos?

Diversos cientistas e pesquisadores investigaram essa dinâmica complexa que leva à crueldade e à indiferença humana. A psicóloga social Brené Brown, em seus estudos sobre a vulnerabilidade e a vergonha,[63]

---

62. GREEN Book: o guia. Direção: Peter Farrelly. Estados Unidos: Universal Pictures, Diamond Films, 2018. (2h10min)

63. BROWN, B. **A coragem para liderar**: trabalho duro, conversas difíceis, corações plenos. Rio de Janeiro: BestSeller, 2019.

aponta que a autocrítica implacável e a busca desenfreada pela perfeição levam a uma desconexão de nossa própria humanidade. Ao nos julgarmos severamente, nos tornamos objetos de nossa própria visão distorcida, afastando-nos da compaixão e da empatia por nós mesmos.

Da mesma forma, quando projetamos nossos julgamentos sobre os outros, criamos uma barreira emocional que nos impede de enxergar a humanidade do outro. A psicóloga social Susan Fiske desenvolveu pesquisas sobre a desumanização e descobriu que, ao rotular alguém como "inferior" ou "menos digno", se tende a tratá-lo como objeto, sem levar em conta suas emoções e necessidades.[64]

Os neurônios-espelho perdem, assim, sua capacidade de simular e compreender a experiência do outro, mergulhando-nos na indiferença.

Exemplos vívidos dessa indiferença permeiam nossa sociedade. Pense no preconceito e na discriminação baseados em raça, gênero ou orientação sexual ou na pessoa que luta contra transtornos mentais e é vista como alguém "fraco" ou "louco". A falta de compreensão e empatia por sua dor interior coisifica essa pessoa, relegando-a a um status de objeto. Os neurônios-espelho não são ativados, e a indiferença toma conta, afastando-nos da oportunidade de oferecer apoio e compaixão.

No entanto, podemos romper esse ciclo de indiferença ao nos permitirmos ser compassivos conosco e com os outros. Ao cultivar a autocompaixão e a autoaceitação, ativamos novamente os neurônios-espelho, reconectando-nos com nossa humanidade essencial. Além disso, ao desafiar nossos próprios preconceitos e estereótipos, abrimos espaço para ver a humanidade nos outros e nos tornamos agentes de mudança.

A escritora e pesquisadora Karen Armstrong, em seus estudos sobre compaixão,[65] enfatiza a importância de nos enxergarmos mutuamente como seres humanos com desejos, medos e aspirações semelhantes. Somente quando abandonamos os julgamentos e abraçamos a compreensão mútua é que podemos superar a indiferença e cultivar uma cultura de empatia e respeito.

---

64. CORREA, R. De onde vem o mal? **Revista Galileu**, n. 240, p. 62-71, jul. 2011.
65. ARMSTRONG, K. **12 passos para uma vida de compaixão**. São Paulo: Paralela, 2012.

Portanto, reconheçamos a poderosa influência dos neurônios-espelho em nossas vidas e nos desafiemos a abandonar os julgamentos cruéis que coisificam os outros e nós mesmos. Ao nutrir a compaixão, acendemos novamente a chama da empatia e abrimos espaço para a conexão humana profunda e significativa. Que possamos nos lembrar de nossa própria humanidade e da humanidade do outro, rompendo as barreiras da indiferença e abraçando a essência compartilhada que nos une como seres humanos.

PARA PRATICAR: EXERCÍCIO DO AUTOABRAÇO E DA AUTOEMPATIA

O "autoabraço" é uma prática poderosa de autocuidado e autocompaixão que você pode realizar para se reconectar consigo mesmo e nutrir seu bem-estar emocional. Siga os passos abaixo para fazer um autoabraço:

Passo 1: encontre um espaço tranquilo, calmo e confortável no qual você possa se dedicar a esse momento de autocuidado. Pode ser em sua casa, em um ambiente ao ar livre ou em qualquer lugar onde você se sinta à vontade.

Passo 2: adote uma postura relaxada, sentado ou em pé. Certifique-se de estar em uma posição que lhe permita sentir-se confortável e equilibrado.

Passo 3: feche os olhos para criar um ambiente interno de maior introspecção e conexão consigo mesmo. Isso ajudará a direcionar sua atenção para dentro e a se concentrar no momento presente.

Passo 4: abrace você mesmo. Sinta o calor e a pressão reconfortantes do seu autoabraço.

Passo 5: respire profundamente, preenchendo seus pulmões com ar. Ao inspirar, imagine que você está recebendo amor, compaixão e gentileza de você para si mesmo. Ao expirar, libere qualquer tensão ou negatividade que possa estar carregando.

Passo 6: experimente sentimentos de amor-próprio, aceitação e autocuidado enquanto mantém o autoabraço. Permita-se sentir-se digno e merecedor de amor e gentileza.

Passo 7: permaneça nesse autoabraço por alguns momentos, respirando profundamente e sentindo a conexão consigo mesmo. Permita-se vivenciar a sensação de se nutrir emocionalmente, de se aceitar e de se amar incondicionalmente.

Passo 8: finalize com gratidão. Quando estiver pronto, abra os olhos lentamente e termine esse momento de autoabraço com um sentimento de gratidão por ter se dado esse presente de amor e autocuidado.

Lembre-se de praticar o autoabraço regularmente, sempre que sentir a necessidade de se reconectar consigo mesmo e nutrir sua própria alma. É um gesto poderoso de autocuidado que fortalece sua relação consigo mesmo e promove o bem-estar emocional.

PARA VER E REFLETIR

Eu queria ter a sua vida, dirigido por David Dobkin[66]

O filme nos ajudar a refletir sobre a unicidade de cada pessoa. Lembrando que o maior estresse vivido pelo ser humano é o de querer ser o que não é.

A identidade se fundamenta sobre características específicas que diferenciam cada indivíduo em relação ao outro, tornando a pessoa única e irrepetível. A beleza de ser quem você é está em aprender a se aceitar e a se amar por aquilo que é, sem ter que ser outra pessoa para ser feliz e realizado. Podemos, sim, ter modelos e referências – mesmo porque aprendemos por processos imitativos e nos inspiramos nos outros –, mas é necessário integrar os aprendizados em nós mesmos e realizar plenamente a nossa essência e nossa missão.

---

66. EU QUERIA ter a sua vida. Direção: David Dobkin. Estados Unidos: Universal Pictures, 2011. (1h52min)

> "Com cada homem está sendo colocado algo de novo no mundo, algo primário, algo único."
>
> Martin Buber[67]

A ARTE TRANSFORMADORA DAS DIFERENTES POSIÇÕES PERCEPTIVAS

Como vimos, a empatia é, essencialmente, a capacidade de se colocar no lugar da outra pessoa e de ver o mundo sob o ponto de vista do outro, tendo, assim, uma percepção maior do que está acontecendo. Por isso que esse sentimento é a base para o relacionamento interpessoal.

Em nossas rotinas como educadores, estamos constantemente envolvidos em uma rede complexa de relacionamentos, seja com nossos colegas, filhos, família, pais de alunos, e somos continuamente desafiados a lidar com as diversidades e a individualidade dos alunos na sala de aula, cada um com suas próprias necessidades e perspectivas. É nesse contexto que as posições perceptivas podem ser verdadeiramente transformadoras.

Ouvir e escutar verdadeiramente o outro é uma arte que nos oferece a oportunidade de conhecer as outras pessoas, seus pontos de vista, suas emoções, suas dores, dificuldades, sonhos e alegrias.

Escutar o outro significa entrar em empatia com ele, ter disponibilidade interior e estar aberto a compreendê-lo, ter paciência em ouvi-lo e silenciar os pré-julgamentos para poder entender o real significado do que o outro quer dizer.

Eu sempre digo: "Antes de querer ser compreendido, compreenda".

A **primeira posição perceptiva** nos convida a olhar para o mundo a partir de nossa própria realidade interior. É uma perspectiva profundamente pessoal, na qual consideramos como cada situação nos afeta.

Na primeira posição o indivíduo fica associado ao seu próprio ponto de vista, crenças, conhecimentos, sentimentos e interpretações, olhan-

---

67. RÖHR, F. Ética e educação: caminhos buberianos. **Educação em Revista**, v. 29, n. 2, p. 115-142, jun. 2013. Disponível em: http://dx.doi.org/10.1590/s0102-46982013005000002. Acesso em: 31 ago. 2023.

Escutar o outro significa entrar em empatia com ele, ter disponibilidade interior e estar aberto a compreendê-lo.

do o mundo externo através dos seus próprios olhos. Na sala de aula, a consciência de estar em primeira posição permite ao professor transmitir seus conhecimentos de forma a guiar os alunos com sua sabedoria e maestria. Porém, ao permanecer o tempo todo na primeira posição, o professor corre o risco de se fechar em seu próprio mundo, não ouvir os alunos e seus pontos de vistas e percepções.

A **segunda posição perceptiva** nos convida a nos colocar no lugar do outro. É um exercício de empatia e compreensão, em que buscamos entender como a situação é vista, sentida e vivenciada pelo outro. Ao adotar essa postura, nos afastamos de nosso ponto de vista pessoal e nos abrimos para a perspectiva do outro. Entrar em segunda posição com nossos alunos significa buscar entender como eles pensam, sentem e aprendem. O professor sai da sua realidade para ir ao encontro do outro e de suas necessidades e desejos, medos e frustrações.

Ao compreender o ponto de vista dos outros, podemos estabelecer uma comunicação mais efetiva, fortalecer os laços afetivos e resolver conflitos de maneira construtiva.

A **terceira posição perceptiva** nos convida a adotar uma visão de observador neutro. É como se estivéssemos em um mirante, olhando para a situação de modo imparcial e objetivo. Nessa posição, podemos analisar os diferentes referenciais e crenças envolvidos, compreendendo as dinâmicas e os padrões presentes na relação com os alunos. Na sala de aula, essa posição nos permite identificar as necessidades individuais dos alunos, perceber possíveis dificuldades de aprendizagem e ajustar nossa abordagem pedagógica de maneira mais eficaz.

Ao transitar livremente entre essas posições perceptivas, desenvolvemos uma consciência mais ampla e uma compreensão mais profunda dos relacionamentos. No dia a dia, somos convidados a explorar as múltiplas posturas presentes em cada situação, o que nos permite responder de maneira mais consciente e efetiva. Essas posições perceptivas nos capacitam a estabelecer uma comunicação mais autêntica, a nutrir relacionamentos saudáveis e a promover um ambiente de aprendizagem enriquecedor.

As posições perceptivas são uma poderosa ferramenta que pode ser aplicada em diversas áreas da nossa vida e ensinada aos nossos alunos.

Lembrando que o processo de se colocar no lugar do outro, ouvir suas ideias e compartilhar pontos de vista ajuda-nos a sermos mais criativos, ampliando o nosso horizonte para além daquilo que já conhecemos.

Quando incentivamos nossos alunos a ouvir os colegas, a refletir sobre as ideias do outro e a trocar de perspectivas e pontos de vista, integrando tudo isso com as suas próprias percepções, nós os levamos a fazer novas associações, a ter ideias mais originais e soluções mais criativas e inovadoras.

PARA REFLETIR

Há alguma situação pessoal que você não possa mudar ou para a qual não possa dar outro significado? O que o impede de fazer isso?

PARA PRATICAR: FLEXIBILIZE A SUA PERCEPÇÃO

1. Escolha uma situação, um evento limitante que você viveu ou está vivendo.

2. Procure distanciar-se do evento e observá-lo.

3. Permita-se responder: de quantas maneiras diferentes você pode enxergar esse evento? Como o seu melhor amigo enxergaria essa situação? Como a pessoa que você mais admira enxergaria essa situação?

PARA PRATICAR: NOVAS MANEIRAS DE OLHAR O MUNDO

1. Como eu escolho olhar o mundo?

2. Como eu escolho me olhar no mundo?

Responda utilizando o modelo dos exemplos a seguir:

140 | CUIDAR DE QUEM EDUCA

"Eu vejo o mundo de maneira diferente e nova, (completar com sua resposta)."

Exemplos

"Eu vejo o mundo de maneira diferente e nova, mais alegre e divertida."

"Eu vejo o mundo de maneira diferente e nova, com mais prosperidade e abundância."

"Eu vejo o mundo de maneira diferente e nova, com muitas possibilidades e oportunidades para me realizar."

Acesse o QR Code para um resumo do capítulo e uma meditação guiada:

CAPÍTULO 10
CRIAR PONTES POR MEIO DA COMUNICAÇÃO

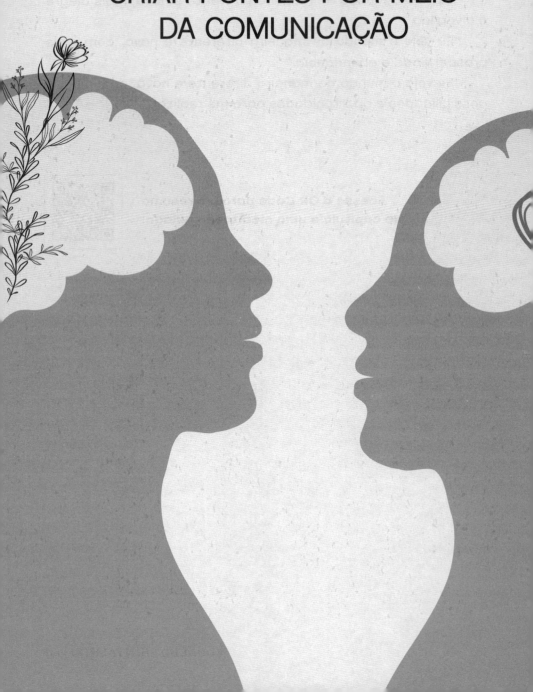

> "O pensamento não apenas se expressa em palavras; ele adquire existência através delas."
>
> Lev Vygotsky, psicólogo bielorrusso (1896-1934)[68]

Para muitos a palavra é apenas um meio, uma ferramenta usada mais ou menos mecânica e superficialmente para se comunicar, mas é importante reconhecer que com a palavra temos a oportunidade de afirmar ou negar algo, o que indica que por meio dela expressamos a consciência de quem somos, dos nossos pensamentos, crenças e valores. E, por meio dessa consciência da importância da palavra, podemos estar atentos não apenas com "o que", mas também com "como" algo é dito.

Como redescobrir o real valor e a importância da palavra em um tempo cansado de tantas palavras? Como devolver-lhe o seu valor e significado, o seu verdadeiro sentido de comunicação?

Um aspecto importante das competências sociais é a capacidade de se comunicar de maneira eficaz para expressar as próprias emoções e necessidades, explicar suas intenções e comportamentos, além de ouvir e compreender o outro nas suas necessidades, criando, assim, a base da socialização, cooperação e da harmonia no conviver.

Sei que não é simples se comunicar e compreender com eficácia. A falta de uma comunicação adequada é a primeira causa da criação de conflitos nas relações interpessoais, como o professor Paulo de Campinas comenta: "Eduardo, meus alunos não me escutam. Parece que existe um muro na nossa comunicação, é um pesadelo para mim".

"Com as palavras podemos direcionar estados de ânimo, motivar alguém ou desmotivá-lo, ajudá-lo a compreender melhor a vida ou a ter medo dela."
Eduardo Shinyashiki[69]

A comunicação representa o instrumento privilegiado para construir, manter e organizar as relações com o outros. Com as

---

68. VYGOTSKY, L. S. **A construção do pensamento e da linguagem**. São Paulo: WMF Martins Fontes, 2009.
69. SHINYASHIKI, E. **O poder do carisma**: conquiste e influencie pessoas sendo você mesmo. São Paulo: Gente, 2018.

palavras, transmitimos mensagens, informações, significados e emoções, necessidades, intenções, desejos e expectativas, e transmitimos quem somos.

Podemos dizer que a comunicação tem, em síntese, dois níveis de significado: o primeiro nível é do conteúdo e das informações; o segundo nível é da relação, da empatia e da interação com o outro, criando o diálogo.

A base do diálogo é o equilíbrio entre **falar** e **ouvir**. A palavra "diálogo" deriva do grego "*diá*", que significa "através", e "*logos*", que significa "palavra". Então, "diálogo" é **a palavra que passa e se movimenta** entre as partes envolvidas que interagem, permitindo um aprendizado colaborativo.

Criar um diálogo efetivo e claro com o outro, colega, pai ou aluno, conseguindo expressar as próprias ideias, tem como pressuposto principal o respeito para o interlocutor e uma atitude interna de autoestima e autoconfiança.

Primeiro, precisamos lembrar do significado real e objetivo da palavra "comunicação", que quer dizer "algo a ser compartilhado, a ser tornado comum", do termo latim *communicare, communis, ben comum*. Portanto, é muito importante saber e estar consciente daquilo que **tornamos comum** e de como fazemos isso por meio da nossa linguagem para que nossas palavras **passem e se movimentem** entre as partes envolvidas, permitindo que nos coloquemos em contato com nós mesmos e com os outros, construindo relacionamentos, criando respostas, erguendo uma ponte entre nós e os outros.

Podemos lembrar dois conceitos de fundamental importância no sucesso da comunicação:

O primeiro é a **flexibilidade comunicativa**, a capacidade e a intenção do comunicador de entender e se adaptar ao contexto e ao interlocutor. Por exemplo, um ato de flexibilidade comunicativa é usar uma linguagem que o aluno possa compreender e decodificar corretamente de acordo com sua idade e seu desenvolvimento. Isso nós vemos bem nas salas de aula.

O segundo é a **disponibilidade emotiva interna**, que inclui a capacidade de reconhecer e respeitar a diversidade do interlocutor e saber ouvi-lo nas suas opiniões.

Tanto no trabalho como na vida pessoal, as relações interpessoais pedem, cada vez mais, a capacidade de se comunicar adequadamente, pois comunicação representa o instrumento privilegiado do ser humano para construir, manter e organizar as relações interpessoais.

Seguem algumas orientações para permitir que a comunicação seja uma ponte entre o educador e as crianças:

1. **Ameaças**: para uma criança a ameaça é algo sério e verdadeiro. Frases ameaçadoras são emocionalmente desestabilizantes e criam uma sensação de medo e de "não tenho saída".

2. **Incoerência entre comunicação verbal e não verbal**: as crianças, que são mais intuitivas que os adultos, percebem muito bem os aspectos incoerentes dos elementos da comunicação verbal e não verbal, como o olhar, o tom de voz, a postura e as expressões faciais. Esteja sempre atento se a mensagem que quer transmitir à criança está alinhada à sua comunicação não verbal.

3. **Ironia e sarcasmo**: quando adultos conseguimos facilmente compreender essas expressões, mas as crianças ainda não têm as competências cognitivas para compreendê-las (elas desenvolvem normalmente a partir dos 7 anos). Por isso, essa é uma modalidade ineficaz com os alunos pequenos e pode criar vergonha ou inadequação, impactando na sua autoestima.

4. **Desqualificação de sentimentos**: diminuir a dor e o sentimento da criança quando ela teve um pequeno machucado, por exemplo, desqualifica o que ela está sentindo e expressando. Mesmo que a intenção do adulto seja boa, o ideal é primeiro reconhecer e escutar o que a criança está sentindo, para depois consolar e falar que vai dar tudo certo.

5. **Uso do "não"**: quando usamos o "não" acompanhado de um verbo, como "não corre", precisamos lembrar de que o cérebro funciona por representações e imagens mentais. Logo, a ação "correr" será ativada primeira e imediatamente na mente da criança, levando-a a representar o comando e seguir correndo, antes de compreender que não deve correr. Por isso é melhor usar frases positivas, que tragam o resultado que queremos, por exemplo: "vai devagar" ou "fale mais baixo".

A LINGUAGEM NÃO VERBAL ◇ ESTAMOS SEMPRE COMUNICANDO

Vimos o quanto é importante a comunicação nas interações interpessoais, em especial no processo de ensino. Nos últimos anos o tema da comunicação se tornou um argumento central, um tema de discussão didática e de grande importância nos processos educativos em geral.

As pesquisas do professor Albert Mehrabian indicam que 93% do impacto da comunicação acontece em âmbito não verbal. Albert Mehrabian[70] já evidenciou a importância do impacto da linguagem corporal, em 1967, quando o notório estudioso americano publicou seu estudo sobre a comunicação não verbal, demonstrando que só 7% do impacto da mensagem no processo de comunicação é transmitido por meio das palavras, que oferecem os conteúdos do discurso, porém representam apenas uma pequena parte do diálogo inteiro. Quero destacar que não estamos falando de importância – pois **como** usamos as palavras e **quais** palavras usamos é importantíssimo –, mas do impacto que a comunicação tem no interlocutor.

Os componentes não verbais – o tom de voz, o ritmo, as pausas, os silêncios – são responsáveis por 38% do impacto da mensagem; e os componentes paraverbais – a linguagem corporal, a postura, o olhar, a mímica facial, os gestos, as expressões do rosto, os movimentos do corpo – são responsáveis por 55% do impacto na comunicação.

A maestria na linguagem não verbal é uma habilidade extremamente importante que o educador tem à disposição para fortalecer o relacionamento com seus alunos, obter e manter a atenção e poder, assim, ensinar de forma muito mais abrangente.

As salas de aula são espaços de comunicação onde as palavras e as não palavras orientam as relações entre os indivíduos e permitem uma constelação de mensagens que são capitadas de forma consciente ou inconsciente.[71]

---

70. MEHRABIAN, A. **Silent Messages**: Implicit Communication of Emotions and Attitudes. 2. ed. Belmont: Wadsworth Publishing Company, 1971.

71. PAREJO, J. **Comunicación no Verbal y Educación**: El Cuerpo y la Escuela. Barcelona: Ediciones Paidós, 1995.

146 | CUIDAR DE QUEM EDUCA

Os estudos sobre os neurônios-espelho[72,73] e os estudos do neurocientista António Damásio[74] ensinam que somos seres multissensoriais e que entramos em relação com os outros não só com a linguagem verbal, mas especialmente por meio das nossas expressões e dos movimentos do nosso corpo. E a decodificação que fazemos das mensagens da linguagem não verbal do outro é a base para as nossas reações em relação ao interlocutor, como simpatia, antipatia, confiança, desconfiança, coerência ou incongruência, entusiasmo ou desinteresse, empatia ou repulsa, entre outros.

Todos nós tivemos professores que nos marcaram de forma positiva ou negativa e, certamente, sua comunicação não verbal teve um papel fundamental para essa nossa percepção sobre eles. Grande parte dos nossos resultados na interação com os alunos é fruto da percepção de um olhar duro ou de um olhar compreensivo, de uma microexpressão de agrado ou de desagrado na boca, de uma postura do tronco receptiva ou defensiva, de um tom de voz agressivo ou acolhedor, de expressões preocupadas, tensas, interessadas ou felizes no rosto.

Além de colocar a atenção no conteúdo da nossa comunicação, precisamos colocar atenção também em **como** transmitimos **o que** queremos comunicar, pois a comunicação verbal é sempre acompanhada de tom de voz, movimentos e gestos de caráter não verbal.

Se sabemos utilizar a linguagem não verbal na nossa comunicação, conseguimos transmitir o que queremos com mais facilidade e eficácia, além de instaurar um relacionamento de confiança mais sólido com nossos alunos e com as pessoas no geral.

Segue um exemplo de comunicação não verbal que o professor pode utilizar no começo da aula, que é sempre um momento um pouco desafiador, para conseguir a atenção da turma e indicar que está na hora de começar:

1. Ao invés de entrar na sala e se movimentar falando frases para chamar a atenção, como: "Pessoal, vamos começar. Crianças,

---

72. RIZZOLATTI, G.; SINIGAGLIA, C. **So Quel che Fai**. Milano: Raffaello Cortina Editore, 2006.
73. IACOBONI, M. **I Neuroni Specchio**: Come Capiamo Ciò che Fanno gli Altri. Turim: Bollati Boringhieri, 2008.
74. DAMÁSIO, A. R. **Ao encontro de Espinosa**: as emoções sociais e a neurobiologia do sentir. Lisboa: Publicações Europa-América, 2003.

um pouco de atenção/quietos/silêncio/parem/ sentem-se", entre outras, o professor pode experimentar entrar na sala e ficar parado na frente dos alunos, em silêncio, no centro da sala, sem se mexer.

2. Então, respirar profundamente, distribuindo o peso uniformemente em ambos os pés, que estão direcionados para a frente, para ter uma postura mais firme e sólida, transmitindo uma mensagem de congruência: "Estou aqui e espero a atenção de vocês".

3. Depois, dar instruções verbais simples e sintéticas para conquistar a atenção, como: "Vamos começar", com um tom de voz mais alto que o da sala, então respirar e fazer uma pequena pausa. Dessa forma, torna-se mais simples conseguir a atenção dos alunos para poder dar sequência ao conteúdo, e a seguir ir diminuindo o tom de voz gradativamente. Essa postura de presença "inesperada" do professor surpreende e aumenta muito a probabilidade de que os alunos fiquem mais atentos no começo da aula.

PARA REFLETIR

Quanto eu, como educador, estou consciente da minha linguagem corporal?

O quanto a uso como vantagem e diferencial na minha comunicação?

E o quanto compreendo a linguagem não verbal dos meus alunos?

COMO REPRESENTAMOS A REALIDADE DENTRO DA NOSSA MENTE

Vimos que as dificuldades na comunicação é um dos pontos mais complexos nos relacionamentos interpessoais, e que as falhas na comunicação proporcionam diversos desencontros, atrasos, mágoas, mal-entendidos e conflitos.

Isso acontece nem tanto pelo conteúdo da comunicação, mas, sim, pelo modo como acontece a comunicação.

Nós estamos em contato com o mundo por meio dos nossos órgãos sensoriais. Nós vemos, ouvimos e sentimos o mundo. Quando percebemos a realidade através dos órgãos dos sentidos, formamos, em nosso cérebro, imagens de experiência sensorial derivadas da nossa própria percepção.

É como se reapresentássemos o mundo a nós mesmos por meio do uso interno de nossos sentidos, processando pensamentos e criando, assim, nosso "mapa mental".

As modalidades sensoriais por meio das quais as pessoas codificam, organizam e dão significados às experiências são chamadas **sistemas representacionais**, classificados como **visual**, **auditivo** e **cinestésico** (que inclui tato, olfato e paladar).

Todos nós usamos os três sentidos para processar e comunicar as informações, e dependendo do contexto, podemos usar mais de um canal e menos dos outros. Porém, cada pessoa tem um sistema representacional preferido para processar as informações, que pode ser o visual (imagens), o auditivo (sons, palavras) ou o cinestésico (sensações). Isso não significa que se uma pessoa utiliza mais um canal não possa processar as informações nos outros dois, mas que esse é o seu canal condutor, orientador e que prevalece sobre os outros.

Por exemplo, quando eu era jovem, queria muito ouvir da minha mãe que ela me amava e que eu era muito especial para ela, mas a minha mãe não era de falar, não era de dizer o que sentia. Ela era muito prática e objetiva. Mas na época eu não tinha essa consciência e toda vez que eu ia me encontrar com a minha mãe, sempre tinha dentro de mim essa expectativa, que nunca se realizava.

Durante anos, o "ritual" era o seguinte: chegava na casa dela para almoçar, ela estava cozinhando, pois era uma excelente cozinheira e fazia uma comida maravilhosa. Terminado o almoço, eu elogiava muito a comida dela, e a minha mãe começava a se queixar das dores no corpo e do quanto se sentia mal. Eu a incentivava a ir ao médico e a se cuidar, e assim aconteciam os nossos encontros. Eu saía sempre com a sensação de frustração e de que algo faltava. Até que um dia, chegando na casa dela e encontrando-a cozinhando como sempre, dei-me conta de que ela sempre fazia pratos es-

Além de colocar a atenção no conteúdo da nossa comunicação, precisamos colocar atenção também em como transmitimos o que queremos comunicar.

peciais e personalizados para cada um dos filhos, conforme seus gostos. Dependendo de qual dos quatro filhos ia almoçar, tinha o prato preferido dele.

No meu caso era frango com batata e ervilha. Era como se, entrando no restaurante de um amigo e abrindo o cardápio, você encontrasse um prato dedicado a você, com seu nome. O que esse amigo estaria lhe dizendo com essa atitude? Que você é especial para ele.

Naquele momento, percebi que a minha mãe sempre tinha dito para mim "eu te amo" e "você é especial para mim", só que na linguagem dela, cinestésica. Tinha que ter gosto e sensações. Ela não funcionava pelo auditivo, não gostava de falar, mas fazia e demostrava com as ações o seu amor e carinho.

Depois daquela compreensão, tudo mudou na relação com a minha mãe. Comecei a entendê-la na sua forma de comunicação e também passei a interagir usando mais o canal cenestésico, o toque, o abraço, as carícias, as sensações, o fazer algo para ela.

Um dia, estávamos no sofá, depois do almoço, ela comentou enquanto eu fazia cafuné na cabeça dela: "Filho, acho que nunca falei pra você o quanto eu te amo e o quanto você é especial".

Observe que às vezes estamos falando as mesmas coisas, querendo as mesmas coisas que o outro, mas de formas diferentes, e não nos compreendemos. Talvez o seu pai, a sua mãe, as pessoas ao seu redor estejam expressando seu carinho com uma forma de comunicação diferente da sua.

As palavras que usamos na comunicação podem nos ajudar a identificar quais são os canais de comunicação predominantes na nossa forma de perceber o mundo e processar as informações e, paralelamente, as das outras pessoas e, assim, a obter uma maior flexibilidade comunicativa. Essas palavras indicam como a pessoa está representando a informação internamente: de forma visual, auditiva ou cinestésica.

Detectar e acompanhar as palavras é útil para identificar o canal de comunicação predominante da outra pessoa, para que assim você possa "falar a mesma língua que a dela" e obter uma comunicação eficaz.

As palavras e frases que indicam o sistema representacional **visual** são, por exemplo: ver, mostrar, enquadrar, focar, esclarecer, ilustrar e visualizar – ver que estou no escuro; ainda não está claro; estou vendo aonde quer chegar; deixa eu dar uma olhada; o foco da questão é; olhando pelo seu ponto de vista; me deu um branco. Os que indicam o sistema representacional **auditivo** são, por exemplo: ouvir, explicar, falar e concordar – estar em sintonia; estar em harmonia; por assim dizer; posso afirmar que; posso falar que; estou aberto ao diálogo; isso não soa bem; alguma coisa me diz; não quero discutir agora; vamos anunciar a todos. Já as frases que indicam o sistema representacional **cinestésico** são, por exemplo: sentir, tocar, agitar e entrar em contato – sinto que isto não está certo; não consigo perceber; estou pegando o jeito; vamos fazer passo a passo; é uma sensação estranha; é duro sentir isso; me sinto confortável com esta situação; é muito agradável estar aqui; não vou mexer no problema; me dói o coração quando percebo isso.

Na escola, a compreensão dos sistemas representacionais ajuda na elaboração das estratégias didáticas. Como estamos em um grupo de pessoas diferentes na sala de aula, o ideal é transitar pelos três sistemas representacionais, podendo assim mostrar, falar e sentir a matéria.

PARA REFLETIR

Escola da vida, dirigido por William Dear[75]

O protagonista do filme, o professor sr. D., utiliza diferentes metodologias pedagógicas em suas aulas e também na forma de se comunicar e dialogar com os alunos.

Acesse o QR Code para um resumo do capítulo e uma meditação guiada:

---

75. ESCOLA da vida. Direção: William Dear. Canadá, Estados Unidos: Califórnia Filmes, 2005. (1h51min)

CAPÍTULO 11
TEORIA POLIVAGAL E A IMPORTÂNCIA DA CONEXÃO E DA SEGURANÇA

> "Para que a mudança real aconteça, o corpo precisa aprender que o perigo passou e viver na realidade presente."
> Bessel van der Kolk, psiquiatra, autor, pesquisador e educador[76]

"Professor, sinto-me constantemente alerta, incapaz de encontrar paz. Minha mente está sempre preocupada e cheia de inquietações. O medo me consome, é a emoção que domina minha vida."

(Giovana, educadora de Mato Grosso do Sul)

Ao enfrentarmos situações estressantes, preocupações persistentes, insegurança e isolamento, nosso corpo e mente entram em um estado crônico de defesa e vulnerabilidade. A neurociência demonstrou que essas sensações limitantes e persistentes têm um impacto direto não apenas em nossos relacionamentos e comportamentos, mas também em nosso próprio corpo, especificamente em nosso sistema nervoso. Esses sentimentos podem afetar e remodelar a forma como nosso sistema nervoso autônomo funciona, levando a problemas de respostas adequadas à realidade, prejudicando nosso bem-estar e equilíbrio emocional.

O que foi identificado nos estudos neurofisiológicos é a importância do sentimento de segurança para o ser humano. Sentir-se seguro interna e externamente é crucial para que possamos alcançar nosso potencial máximo. Os processos neurofisiológicos associados à sensação de segurança são essenciais para o comportamento social saudável, bem como para acessar as áreas do cérebro que nos permitem ser criativos, estabelecer metas, tomar decisões, fazer escolhas e lidar com o estresse de modo positivo.

Quando nos sentimos seguros, acabamos nos engajando de maneira eficaz e positiva nas relações com os outros. Isso permite nos sentir bem, crescer, evoluir, ter coragem para ousar mais, recuperar nossa energia e realizar nosso melhor, vivendo plenamente.

A importância de nos sentirmos seguros – tanto do ponto de vista psicológico quanto físico e ambiental – para funcionarmos na nossa maior potência é amplamente respaldada por estudos neurocientíficos.

---

76. VAN DER KOLK, B. **O corpo guarda as marcas**: cérebro, mente e corpo na cura do trauma. Rio de Janeiro: Sextante, 2020.

Um desses estudos é a Teoria Polivagal, desenvolvida pelo neurocientista Stephen Porges.[77] Segundo Porges, a sensação de segurança é fundamental para que os seres humanos mantenham o bem-estar e estabeleçam relações sociais positivas. Ele destaca que, de modo automático e inconsciente, nós, seres humanos, monitoramos constantemente o ambiente e as relações por meio do processo neuroceptivo. Esse processo nos ajuda a avaliar se estamos seguros ou se há ameaças ou perigos para nossa segurança, tanto física quanto psicológica.

Quando nos sentimos inseguros, nosso sistema nervoso autônomo age de modo involuntário, buscando nos proteger a qualquer custo. Isso significa que podemos agir de maneiras que não desejamos, porém impulsionadas pelo nosso instinto de sobrevivência. Estamos à mercê dessas respostas de proteção, que podem ser mais fortes do que nossa vontade consciente. Podemos ter comportamentos inadequados, que não queremos, mas que "são mais fortes do que nós".

Quanto menos seguros nos sentimos, mais dificuldade temos de avançar em direção aos nossos objetivos e sonhos. Aprender a interpretar o ambiente (tanto físico quanto psicológico e relacional) é algo inato em nós, seres humanos. Estamos constantemente em busca de pistas que nos indiquem se estamos seguros ou ameaçados: por exemplo, sinais nas expressões faciais do outro, do movimento do corpo, do tom da voz.

Quando nos sentimos em constante perigo, com uma sensação de fundo que polui todas as outras emoções, significa que algo não está em equilíbrio.

No entanto, essa preocupação constante com nossa segurança não deve se tornar uma armadilha ou uma prisão. Em situações de estresse prolongado ou experiências traumáticas, o equilíbrio na percepção do que é realmente ameaçador pode ser interrompido ou alterado. Se alguém passa por experiências de desamor, desamparo e desvalorização contínuas, especialmente em casos que não pôde reagir ou se defender, como durante a infância ou em situações de agressão, elas podem se tornar traumáticas.

Nesses casos, a capacidade de avaliar o ambiente em busca de sinais de perigo pode ficar distorcida, resultando em interpretações errôneas

---

77. O QUE é a Teoria Polivagal? **Espaço da Mente**, 27 jan. 2023. Disponível em: https://www.espacodamente.com/emdr/o-que-e-a-teoria-polivagal. Acesso em: 14 ago. 2023.

em que a pessoa pode ver sinais de perigos onde não há e interpretar situações de ameaças quando elas não existem. Isso pode mantê-la refém dessas sensações, levando-a a tomar decisões equivocadas.

O objetivo do nosso corpo é evitar mais sofrimento, portanto ele fará o que for necessário para nos proteger. Podemos interpretar sinais de perigo em expressões faciais que nos lembram pessoas ou perceber informações contextuais como ameaçadoras ou imaginar situações de perigo, o que pode levar a respostas para tentar neutralizar a suposta ameaça, como as de agressão ou fuga, ou até mesmo de imobilização e bloqueio pelo medo.

Sem perceber por que agimos dessa maneira, iniciamos respostas automáticas que estão ligadas à nossa sobrevivência e que são mais fortes do que nossa compreensão cognitiva de que não estamos em perigo no momento presente.

Entram em jogo padrões de resposta desadaptativos, decorrentes de experiências vivenciadas como perigosas no passado e que no presente não existem mais, porém continuam a gerar estados constantes de estresse e ansiedade na interpretação da pessoa, interferindo negativamente na qualidade de sua vida, seus objetivos e seus relacionamentos.

Algumas pessoas ficam presas a experiências passadas traumáticas de desamor, desamparo e desvalorização, e têm dificuldade em ressignificá-las e se libertar. Elas interpretam a realidade através desse filtro distorcido e isso as mantém paralisadas em sua jornada pela vida, constantemente lutando ou fugindo das situações.

Seguindo a Teoria Polivagal, Porges identifica três estágios de reação do ser humano:

1. **Imobilização.** Descrita como a via mais antiga do nosso desenvolvimento, a qual envolve uma resposta de imobilização. O lado dorsal do nervo vago responde a sinais de perigo extremo, fazendo com que fiquemos imóveis, congelados, parados. Esse modo de imobilidade do nervo vago dorsal está associado a uma resposta defensiva de "congelamento" diante de ameaças percebidas, sem que consigamos mover ou reagir. Ele é ativado em situações de intenso estresse, em que nos sentimos

impotentes e desamparados. É como se nosso corpo desligasse temporariamente para se proteger.

Características desse modo incluem diminuição da frequência cardíaca, queda da pressão arterial e redução da atividade motora. É um mecanismo de sobrevivência antigo que os humanos e outros animais desenvolveram ao longo do tempo.

A pessoa pode sentir uma dificuldade em se engajar em ações proativas ou tomar decisões, resultando em sentimentos de estagnação e baixa autoestima. Assim, ela pode evitar oportunidades de crescimento pessoal ou profissional, manter-se presa em relacionamentos abusivos ou experienciar dificuldades em alcançar metas e objetivos devido à falta de motivação e confiança.

2. **Envolvimento social**. A mais recente na hierarquia de respostas baseia-se no lado ventral do nervo vago, que responde a sensações de segurança interna e externa e a conexões com o outro. O nervo vago ventral, também chamado **modo de engajamento social**, é responsável pela nossa capacidade de nos conectar com os outros.

   Esse modo é ativado em situações de segurança e confiança, promovendo a interação social, a empatia e a capacidade de comunicação. É como se nosso corpo dissesse: "Estou seguro, posso ser eu mesmo e me relacionar com os outros de modo positivo". Essa resposta nos ajuda a construir relacionamentos saudáveis, desenvolver empatia e nos sentir parte de um grupo, protegidos e amparados.

   Nós nos sentimos conectados, seguros e confiantes em nossos relacionamentos. Temos habilidades sociais efetivas, demonstramos empatia e nos sentimos à vontade para expressar nossas emoções e necessidades. Isso leva a relacionamentos satisfatórios e uma sensação geral de bem-estar emocional.

3. **Mobilização**. Resposta de ataque ou fuga, ativada pelo sistema nervoso simpático diante de uma pista de perigo. Entramos em ação com a adrenalina para fugir do perigo ou combater a ameaça. Ele é ativado quando nos deparamos com uma ameaça real ou percebida e prepara o corpo para reagir rapidamente. Nesse

modo ocorrem alterações fisiológicas como aumento da frequência cardíaca, aceleração da respiração e liberação de hormônios do estresse, como a adrenalina. Essas mudanças preparam o organismo para enfrentar o perigo ou escapar dele. É como se nosso corpo estivesse nos dando energia extra para fugir do perigo ou lutar contra ele.

Se o modo de luta ou fuga for ativado com frequência ou de modo desproporcional, isso pode levar a uma resposta excessiva ao estresse cotidiano. Podemos experimentar ansiedade crônica, dificuldade de relaxar, problemas de sono e até mesmo desenvolver transtornos de ansiedade. Essas condições podem prejudicar a qualidade de vida e interferir no desempenho em várias áreas.

A Teoria Polivagal enfatiza que os três modos de reação estão presentes em todos nós e são ativados de acordo com o contexto e as percepções individuais de segurança ou perigo. O equilíbrio e a flexibilidade entre esses modos são essenciais para uma regulação emocional saudável e um funcionamento adequado do sistema nervoso.

Essa teoria tem implicações significativas em diversas áreas, incluindo a compreensão dos transtornos de ansiedade, do trauma e das dificuldades sociais. Ela também destaca a importância de promover ambientes seguros e de apoio para o desenvolvimento e bem-estar emocional das pessoas.

Quando estamos seguros interna e externamente, em paz e equilíbrio, criamos relacionamentos serenos, descontraídos e positivos, e isso nos faz sentir bem e nos mantém centrados e lúcidos, garantindo bem-estar e saúde; recuperação em momentos de estresse; capacidade de administrar reações defensivas, pensando e refletindo antes de agir; domínio das emoções; e o funcionamento mais eficiente no nível social – ou seja, todas aquelas condições ideais para que um indivíduo cresça de modo saudável e harmonioso, permitindo a autorrealização e a manifestação de suas qualidades e talentos.

Os seres humanos podem aprender a mudar seu comportamento e suas reações, apenas se sentindo suficientemente seguros e protegidos para poder experimentar soluções novas e atitudes diferentes do usual.

Nem preciso falar quanto essa teoria é importante para os seres humanos, inclusive no trabalho da educação de crianças e jovens na sala de aula. Fazer os nossos alunos se sentirem seguros, amparados e acolhidos, tanto física como emocionalmente, é fundamental para o processo de aprendizagem.

A proteção do educador para perigos externos é cuidando do contexto; nos perigos internos, cuidando do fortalecimento das competências socioemocionais e do autoconhecimento, criando, assim, uma "rede de proteção" que permite que o aluno experimente, ouse, teste, conheça e explore o mundo com mais segurança.

Seguindo os conceitos da Polivagal, uma outra teoria recente neurocientífica chamada *warm cognition* – cognição quente – tem também colocado as emoções e o sentimento de segurança no centro dos processos de aprendizagem.

A *warm cognition*, baseada nas pesquisas da cientista e docente de psicologia e desenvolvimento da educação e aprendizagem Daniela Lucangeli, e também de seus colaboradores da Universidade de Pádua, Itália, tem como base uma visão muito simples e que pode parecer óbvia: um ambiente sereno, acolhedor, seguro, feliz e encorajador favorece o aprendizado positivo e evita o estresse e a formação de memórias de incapacidade, inadequação, medo e rejeição que podem afetar significativamente a autoestima e a autoeficácia do aluno.

O estudo evidencia que em um clima de acolhimento e segurança os alunos se tornam mais motivados, permitindo que os processos cognitivos funcionem ao máximo do seu potencial.[78]

A Teoria Polivagal nos ensina que ao longo de nossa vida é possível que nos encontremos presos a padrões repetitivos que nos remetem a uma mesma experiência dolorosa. Isso ocorre porque o cérebro, ao vivenciar um evento traumático ou desafiador, busca formas de nos proteger e lidar com essa situação. No entanto, se não trabalharmos ativamente para processar e superar essas experiências, podemos nos encontrar presos a um círculo vicioso.

Esse círculo se manifesta através da repetição de pensamentos, sentimentos e respostas diante de estímulos semelhantes aos que nos causaram dor no passado.

---

78. LUCANGELI, D. **Cinque Lezioni Leggere sull'emozione di Apprendere**. Trento: Erickson, 2019.

Assim, mesmo que as circunstâncias externas tenham mudado, nós continuamos a interpretar os eventos de maneira similar à experiência original. Essa interpretação envolve emoções intensas como medo, tristeza, raiva ou vergonha, que estão ligadas à lembrança do evento passado.

No entanto, a compreensão da Teoria Polivagal nos oferece saídas libertadoras.

Ao compreendermos esses padrões e as respostas adaptativas, podemos nos tornar conscientes de como essas repetições limitam nosso crescimento emocional e nos mantêm presos a relacionamentos disfuncionais e comportamentos inadequados.

Por meio dessa consciência, somos capacitados a romper com essas armadilhas. Podemos aprender a reconhecer os sinais do nosso sistema nervoso e, com o tempo, desenvolver novas respostas e comportamentos que promovam cura, amor-próprio e relacionamentos saudáveis.

PARA REFLETIR

Observe a sua vida e responda em que momentos você reagiu em:

1. Modo imobilização – congelamento;

2. Modo envolvimento social – conexão;

3. Modo mobilização – luta ou fuga.

Em quais contextos da minha vida me sinto preso no "piloto automático"?

TEORIA POLIVAGAL: ALGUMAS INFORMAÇÕES TEÓRICAS

O cérebro faz parte do sistema nervoso, responsável por controlar e coordenar todas as funções do nosso corpo. Ele recebe informações sensoriais dos nossos cinco sentidos (visão, audição, olfato, paladar e tato) e as processa. Ele também armazena nossas memórias e experiências passadas, permitindo-nos aprender e adaptar o nosso comportamento.

Além disso, controla todos os outros sistemas do nosso corpo. Ele se comunica com o sistema endócrino para regular a produção e liberação de hormônios, controla músculos e esqueleto para permitir o movimento, regula o sistema imunológico para nos proteger de doenças, supervisiona o sistema digestivo para processar alimentos e nutrir nosso corpo, além de controlar os sistemas cardiovascular, reprodutivo, respiratório e urinário.

O sistema nervoso é dividido em duas partes principais: sistema nervoso central e sistema nervoso periférico. O **sistema nervoso central** é composto do cérebro e da medula espinhal, enquanto o periférico consiste nos nervos que se estendem a partir da medula espinhal e se conectam aos órgãos e tecidos do corpo. O **sistema nervoso periférico** é categorizado em dois sistemas distintos: o sistema nervoso voluntário, também conhecido como sistema somático, e o sistema nervoso involuntário, ou sistema autônomo.

O **sistema nervoso voluntário ou somático** está relacionado às ações que controlamos conscientemente. Por exemplo, quando decidimos mover nossos braços ou nossas pernas, o cérebro envia sinais através dos nervos para os músculos correspondentes, permitindo o movimento.

Já o **sistema nervoso involuntário ou autônomo** é responsável pelos processos automáticos do nosso corpo, que ocorrem independentemente do nosso controle consciente. Ele controla os órgãos internos, as glândulas, o coração, os pulmões e o sistema digestivo. Essas atividades acontecem automaticamente para manter as funções vitais do organismo e nos manter vivos, independentemente de pensarmos ou não sobre elas.

O sistema nervoso involuntário é dividido em dois ramos principais que funcionam separadamente: sistema simpático e sistema parassimpático.

O **sistema simpático** prepara nosso corpo para agir em situações de estresse ou perigo, acionando a resposta de **luta ou fuga**. Ele aumenta a frequência cardíaca, dilata os brônquios, libera adrenalina e prepara o organismo para uma ação rápida.

Por outro lado, o **sistema parassimpático** tem a função de **relaxar e acalmar** o corpo. Ele diminui a frequência cardíaca, reduz a pressão sanguínea, estimula a digestão e promove o relaxamento. Quando nos sentimos seguros e não enfrentamos ameaças, nosso corpo é capaz de se acalmar e funcionar de maneira tranquila.

Fazer os nossos alunos se sentirem seguros, amparados e acolhidos, tanto física como emocionalmente, é fundamental para o processo de aprendizagem.

De acordo com a Teoria Polivagal, com a evolução do sistema nervoso, o **nervo vago**, que acreditávamos ser único, se dividiu em dois ramos, acrescentando, então, uma ramificação específica no sistema nervoso parassimpático e atribuindo-lhe funções distintas: uma relacionada à resposta de segurança e conexão social (vago ventral) e outra ligada à resposta de perigo e imobilização (vago dorsal).

O **vago ventral** responde a sinais de segurança física e emocional, permitindo-nos sentir conectados e seguros nas interações sociais. Ele controla os músculos da face e da cabeça, influenciando nossa expressividade emocional e a regulação das relações sociais.

Por outro lado, o **vago dorsal** responde a sinais de perigo e nos afasta da conexão com o contexto, levando a um estado de excessiva autoproteção e a uma resposta de imobilização, em que nos sentimos paralisados ou desconectados do ambiente.

A TEORIA POLIVAGAL E A RESPIRAÇÃO CONSCIENTE

Respirar é o gesto que repetimos todos os dias milhares e milhares de vezes. É uma ação essencial para a nossa sobrevivência, mas também é um dos atos mais subestimados – não cuidamos da qualidade da nossa respiração. Aprender a respirar bem significa melhorar nossa saúde, diminuir o cansaço e o estresse e controlar nossas emoções.

A respiração define o ritmo da vida.

A relação entre o bem-estar e a respiração é muito estreita, e todos nós já observamos que quando estamos estressados, ansiosos ou com medo, a respiração muda, tornando-se mais superficial, mais curta. Nesses momentos, tendemos a interrompê-la, respiramos com a parte superior do tórax, elevando automaticamente os ombros, e sentimos uma sensação de bloqueio que nos impede de praticar uma respiração ampla e suave. Não é por acaso que após um susto, um medo, ficamos "sem fôlego" ou "sem ar".

A respiração muda de acordo com as emoções que sentimos.

Respiramos vinte e quatro horas por dia, porém, na maioria das vezes, não pensamos nisso, não prestamos atenção! No entanto, a respiração vai além de uma função básica do corpo. Ela possui um impacto significativo em nosso cérebro e nossa fisiologia, oferecendo uma oportunidade única de moldar o sistema nervoso em direção à segurança interior e conexão com o mundo.

Como nos ensina a Teoria Polivagal, a prática da respiração consciente influencia diretamente o sistema nervoso autônomo e ativa e regula o nervo vago ventral, repristinando a sensação de segurança interna.

Dados da Organização Mundial da Saúde (OMS) confirmam a importância da implementação nas escolas de programas que contribuam para promover o equilíbrio emocional nos alunos, como técnicas de respiração, confirmando o mecanismo neurofisiológico que liga a produção de emoções positivas e da respiração consciente – ou seja, a respiração é a chave para desencadear um estado de calma, clareza e vitalidade[79].

Por isso, é importante respirar de modo mais consciente, pois a maneira como respiramos influencia diretamente nossos estados emocionais e cognitivos.

A boa notícia é que podemos utilizar a respiração consciente como uma ferramenta poderosa para transformar nossas emoções e melhorar nossa saúde mental e física. Essa é uma prática milenar que nos convida a direcionar nossa atenção para o momento presente, para o fluxo rítmico e vital da nossa própria respiração. É um ato simples, porém profundo, que nos conecta com nossa essência e nos permite acessar um estado de serenidade, clareza, concentração e regulação emocional.

Você já parou para pensar no poder que a respiração tem sobre seu corpo e mente? Cada inspiração e expiração que fazemos é um convite para uma transformação interna profunda. A ciência revela que essa prática desencadeia a liberação de hormônios poderosos, que podem elevar nossa saúde emocional e física a patamares surpreendentes.

Quando respiramos de maneira consciente e profunda, nosso organismo é inundado com uma verdadeira sinfonia hormonal. Os principais protagonistas dessa orquestra química são:

---

79. LIFE SKILLS Education for Children and Adolescents in Schools. Pt. 1, Introduction to Life Skills for Psychosocial Competence. Pt. 2, Guidelines to Facilitate the Development and Implementation of Life Skills Programmes. [s.l.] **World Health Organization**, 1994. Disponível em: https://apps.who.int/iris/handle/10665/63552. Acesso em: 18 ago. 2023.

1. **Endorfina**: conhecida como o "hormônio do prazer", a endorfina é liberada durante a respiração consciente. Ela promove sensações de bem-estar, euforia e alívio da dor, proporcionando um estado de relaxamento profundo.

2. **Serotonina**: a respiração consciente estimula a liberação da serotonina, conhecida como o "hormônio da felicidade". Ela regula o humor, melhora o sono, reduz a ansiedade e promove uma sensação de calma e contentamento.

3. **Dopamina**: a respiração consciente também estimula a liberação de dopamina, o "hormônio do prazer e recompensa". A dopamina está associada a motivação, foco, aprendizado e sentimentos de gratificação. Ela nos impulsiona a buscar objetivos e nos dá uma sensação de satisfação quando os alcançamos.

4. **Oxitocina**: conhecida como o "hormônio do amor", a oxitocina é liberada durante a respiração consciente. Ela fortalece os laços emocionais, promove a empatia, reduz o estresse e cria uma sensação de conexão e harmonia com os outros.

Ao direcionar a atenção para a respiração, podemos observar se ela é rápida ou lenta, o que já nos permite estreitar o foco atencional e aumentar a consciência corporal. Muitas vezes, ao simplesmente direcionar a atenção para a respiração, sua frequência diminui naturalmente e ela se torna mais alongada. Quando nos engajamos voluntariamente em respirações lentas e profundas, podemos perceber os efeitos transformadores: o ritmo respiratório se reduz, os batimentos cardíacos se regulam e as tensões no corpo se dissolvem.

PARA PRATICAR: RESPIRANDO CONSCIENTEMENTE

Ao adotar a respiração consciente, somos convidados a observar e regular nosso padrão respiratório de modo intencional. Em vez de uma respiração superficial e automática, nos tornamos cientes de cada inspiração e expiração, nutrindo corpo e mente com um fluxo de ar revitalizante e curador.

Essa prática é fundamentada em dois aspectos-chave:

1. **Consciência:** a respiração consciente envolve a consciência plena do momento presente. Concentramos nossa atenção no ato da respiração, observando o movimento do ar entrando e saindo do corpo. Essa consciência nos ajuda a desacelerar o ritmo frenético da mente e a nos ancorar no presente, liberando preocupações passadas ou ansiedades futuras.

2. **Regulação:** além de observar a respiração, a respiração consciente nos convida a regular e aprofundar o padrão respiratório. Ao praticá-la, podemos intencionalmente prolongar a inspiração e a expiração, e essa regulação respiratória traz um efeito calmante e equilibrador para todo o nosso sistema nervoso.

A prática da respiração consciente pode ser realizada com os seguintes passos:

1. **Encontre um local tranquilo:** escolha um ambiente calmo e livre de distrações, onde você possa se sentir confortável e relaxado.

2. **Mantenha uma postura adequada:** sente-se em uma posição confortável, com a coluna ereta e os ombros relaxados. Você pode optar por uma cadeira ou almofada de meditação, ou até mesmo deitar-se, se preferir.

3. **Conecte-se com a sua respiração:** feche os olhos suavemente e comece a direcionar sua atenção para a sua respiração. Observe o fluxo do ar entrando e saindo do seu corpo. Respire normalmente pelo nariz.

4. **Foque a respiração abdominal:** coloque uma mão suavemente sobre o seu abdômen, logo abaixo do umbigo. Ao inspirar, permita que o ar encha o seu abdômen, fazendo-o expandir. Ao expirar, sinta o abdômen se contraindo suavemente. Foque sua atenção nessa respiração profunda e consciente.

5. **Conduza um ritmo lento, amplo e suave:** à medida que você continua respirando, procure estabelecer um ritmo lento e suave. Conte mentalmente até quatro enquanto inspira, e novamente até quatro enquanto expira. Mantenha um fluxo constante e relaxado, evitando respirações abruptas ou aceleradas.

6. **Tenha atenção plena:** enquanto você pratica a respiração consciente, esteja presente e atento ao seu corpo e mente. Observe qualquer tensão, preocupação ou distração que possa surgir e gentilmente redirecione sua atenção de volta para a sua respiração.

7. **Busque continuidade:** prossiga com a prática pelo tempo que desejar, começando com alguns minutos e, gradualmente, estendendo o tempo conforme se sentir confortável.

A respiração consciente pode ser incorporada à sua rotina diária, seja pela manhã, ao acordar, seja durante uma pausa no trabalho ou antes de dormir.

Experimente reservar alguns minutos do seu dia para se dedicar a essa prática. Observe como o simples ato de direcionar sua atenção para a sua respiração pode trazer um profundo senso de tranquilidade, presença e transformação. Permita que a respiração consciente seja sua aliada constante, guiando-o para um estado de ser mais equilibrado, conectado e pleno.

PARA PRATICAR: RETOMANDO O EQUILÍBRIO

Quando você estiver diante de uma situação que gere um sentimento que o desequilibra, pare alguns minutos e realize o seguinte exercício:

1. Sente-se ou deite-se em um lugar tranquilo e volte sua atenção para a respiração.

2. Respire profunda, ampla e suavemente, até que não consiga colocar mais ar para dentro na sua inspiração; depois, expire até que não tenha mais ar para sair na expiração.
3. Na inspiração, diga para você mesmo: **"Eu acalmo a mim mesmo"**.
4. Na expiração, diga para você mesmo: **"Eu sorrio para mim mesmo"** (e se permita sorrir).

Repetir esses passos por alguns minutos é o suficiente para relaxar e recarregar as baterias.

PARA PRATICAR: GRATIDÃO

Mantenha-se em uma condição interna de gratidão. Considere o seu passado perfeito, independentemente daquilo que aconteceu, visto que foi devido a ele que você está aqui, neste momento.

Seja grato ao seu passado e seja grato ao que você tem no presente, à sua vida preciosa e a tudo aquilo que se manifestará no futuro.

No final do dia, deitado ou sentado, coloque as suas mãos sobre o coração e reconheça suas qualidades, suas contribuições, suas lutas, seus resultados, sua força e beleza e agradeça a você mesmo, sentindo a gratidão se expandindo por todo o seu corpo.

Expanda o sentimento de gratidão às pessoas importantes da sua vida.

Acesse o QR Code para um resumo do capítulo e uma meditação guiada:

CAPÍTULO 12

MENTE, CORPO, EMOÇÕES E AS MEMÓRIAS TRAUMÁTICAS

> "As pessoas podem aprender a se controlar e alterar comportamentos, mas apenas quando se sentem seguras para tentar novas soluções."
>
> Bessel van der Kolk[80]

Em maior ou menor grau, todos nós, ao longo de nossa vida, nos deparamos com experiências que podem deixar traumas e marcas profundas de dor e sofrimento, especialmente aquelas relacionadas ao desamor, ao desamparo e à desvalorização vivenciados na infância.

O marcador somático de António Damásio nos ensina a estrutura de base do trauma e de como guardamos no corpo as emoções das experiências que vivemos na vida. E a Teoria Polivagal, por sua vez, explica sobre o sistema nervoso autônomo e como a importância para o ser humano de se sentir seguro nos orienta na compreensão das memórias traumáticas.

Bessel van der Kolk, explora em seu trabalho *O corpo guarda as marcas*[81] a profunda influência dos traumas em nosso corpo e na capacidade do cérebro de se adaptar e mudar.

Van der Kolk mostra como os traumas podem afetar negativamente a neuroplasticidade do cérebro, influenciando negativamente a natureza dos pensamentos e a forma como pensamos, sentimos e nos relacionamos com o mundo ao nosso redor.

Os traumas não resolvidos tornam-se conflitos internos difíceis de lidar. Eles nos conduzem a um movimento de círculo vicioso, em que parece que retornamos sempre ao mesmo ponto de dor, repetindo os mesmos padrões de comportamento sem encontrar uma saída. É como se a pessoa estivesse presa a um ciclo interminável, no qual o passado continua a assombrar e influenciar negativamente seu presente, pois geralmente o cérebro da pessoa que viveu um trauma no passado reage aos estímulos que lembram o fato, como se o evento traumático estivesse acontecendo no momento presente.

---

80. VAN DER KOLK, B. **O corpo guarda as marcas**: cérebro, mente e corpo na cura do trauma. Rio de Janeiro: Sextante, 2020.
81. *Idem, op. cit.*

Judith Herman, professora de Psiquiatria da Harvard Medical School, apresenta uma análise abrangente do impacto do trauma na vida das pessoas, destacando a importância de reconhecer e validar as experiências traumáticas.[82]

Ela evidencia que a recuperação do trauma não se resume apenas à superação dos sintomas, mas também à reconstrução de uma nova identidade e de um senso de segurança, conforme a Teoria Polivagal nos ensina.

Os traumas são experiências emocionais intensas e perturbadoras que deixam uma marca profunda na psique da pessoa e que, na sua origem, podem ser ligadas às experiências de desamor, de desamparo e de desvalorização, e que têm o poder de aprisionar uma pessoa em um estado de conflito interno e constante manifestações de estresse.

Essas experiências sobrecarregam os recursos internos da pessoa, levando a uma desconexão do momento presente e resultando em uma série de sintomas físicos, emocionais e psicológicos. Emocionalmente, o trauma pode gerar sentimentos de medo, raiva, culpa, tristeza profunda, vergonha e uma sensação geral de desesperança.

Quando um trauma ocorre, é como se o evento doloroso ficasse "preso" dentro da pessoa, bloqueando-a no passado sem ser processado ou integrado completamente na psique do indivíduo. O trauma, então, não é só um evento que aconteceu no passado, mas uma ferida que permanece no cérebro, no corpo e no coração, que se repete continuamente no corpo, sem poder ser controlado.

Essas marcas do passado precisam ser cuidadosa e amorosamente transformadas, mudando os sentimentos de raiva, impotência e sofrimento do evento traumático, para o indivíduo poder, enfim, retomar a consciência de si mesmo, sua autonomia e o domínio da própria vida. Pessoas que sofreram traumas se encontram muitas vezes sem energia, pois a utilizam para reprimir e controlar o turbilhão interior de emoções, sofrimento e lembranças. Dessa forma, esses indivíduos podem viver sempre cansados ou com sintomas físicos, o que faz com que não sobre energia para concretizarem e viverem os próprios objetivos.

---

82. HERMAN, J. **Trauma and Recovery**: The Aftermath of Violence – From Domestic Abuse to Political Terror. London: Basic Books, 1997.

Ao compreender a natureza do trauma e suas dinâmicas fisiológicas e emocionais, podemos buscar os recursos necessários para superar as experiências traumáticas e encontrar conforto e segurança, retomando as rédeas da própria vida.

Quando ativamos um comportamento repetidamente, criamos um esquema automático que precisa ser desativado com novos comportamentos. No entanto, para que consigamos superar e elaborar o trauma e conquistar uma real mudança de comportamento, o nosso corpo precisa parar de se defender de uma ameaça que não existe mais. Devemos ter certeza de que o perigo passou, que no presente estamos amparados e protegidos. Conforme a Teoria Polivagal nos orienta, é preciso reconstruir a sensação de segurança interna e externa e as redes de proteção nas relações e nos contextos em que nos encontramos. Poder se sentir seguro e com conexões positivas e de reciprocidade com as pessoas é fundamental para uma vida feliz e satisfatória.

Vimos na Teoria Polivagal que, quando a criança se sente amada, amparada e valorizada, o seu cérebro se movimenta na exploração do ambiente e de novas experiências, nas atividades lúdicas e em estabelecer relações com os outros, porém, se a criança é desqualificada, indesejada e desamparada, o seu cérebro se especializará na gestão das sensações de medo e abandono, deixando-a paralisada e isolada.

Para superar o trauma, é importante também reorganizar na pessoa a percepção do tempo e devolver a ela a possibilidade de viver novamente no presente. Adiante, falarei sobre o tempo e como a vida é uma questão de ritmos.

Além disso, a superação do trauma necessita da plena consciência do próprio corpo e é imprescindível a pessoa se familiarizar com ele, com o sentir somático, com o movimento e com as expressões do corpo, como vimos quando falamos sobre marcadores somáticos e cognição corporificada. No momento do trauma, geralmente a pessoa congelou a sua ação e não teve condições de reagir, imobilizando o corpo em um estado de choque e impotência. É importante usar o corpo para retomar a autonomia e poder se sentir "em casa" na própria pele.

> O desafio da recuperação está em restabelecer a propriedade do corpo e da mente – do *self*. Sentir-se livre

para saber o que você sabe e sentir o que sente sem ficar arrasado ou sucumbir à raiva, à vergonha ou ao colapso. Para a maior parte das pessoas, esse processo envolve: 1) encontrar um meio de ficar calmo e focado; 2) aprender a manter-se tranquilo ao reagir a imagens, pensamentos, sons e sensações físicas que lembrem o passado; 3) buscar uma maneira de estar plenamente vivo no presente e envolvido com as pessoas ao redor; e 4) não precisar esconder segredos de si mesmo, inclusive segredos sobre os artifícios usados para sobreviver.[83]

O ser humano tem a capacidade de regular a sua fisiologia e influenciar o sistema nervoso autônomo por meio de algumas atividades que citamos no decorrer do livro, como a respiração consciente, as imagens mentais, as práticas físicas, o movimento e o relaxamento. O tema dos traumas é claramente muito complexo e delicado e aqui quis dar alguns pontos de reflexão.

A seguir, alguns exemplos de possíveis situações traumáticas e suas consequências na vida pessoal e profissional:

1. **Origem**: negligência, falta de afeto e proteção dos pais na infância.

   Dinâmica emocional: sentimentos de abandono, solidão e desamparo.

   Maiores medos: ser rejeitado, não ser amado e ficar sozinho.

   Consequências na vida pessoal: dificuldade em estabelecer relacionamentos íntimos e confiar nos outros, baixa autoestima e tendência a buscar aprovação constante.

   Consequências na vida profissional: dificuldade em trabalhar em equipe, medo de ser julgado e dificuldade em buscar oportunidades de crescimento.

2. **Origem**: presenciar agressividade e falta de amor e afeto entre os pais na infância.

   Dinâmica emocional: sentimentos de instabilidade emocional, confusão e insegurança.

---

83. VAN DER KOLK, B., *op. cit.*

Maiores medos: conflitos, se envolver em relacionamentos românticos e repetir padrões negativos.

Consequências na vida pessoal: dificuldade em estabelecer relacionamentos saudáveis, tendência a evitar conflitos e dificuldade em expressar emoções de forma adequada.

Consequências na vida profissional: dificuldade em lidar com situações de estresse e conflito no ambiente de trabalho, tendência a evitar confrontos e dificuldade em estabelecer limites pessoais.

3. **Origem**: ser alvo de críticas constantes e rejeição na infância.

Dinâmica emocional: sentimentos de inadequação, baixa autoestima e autocrítica.

Maiores medos: falhar, ser julgado e ser rejeitado.

Consequências na vida pessoal: dificuldade em se valorizar, tendência a se subestimar e dificuldade em estabelecer limites pessoais.

Consequências na vida profissional: dificuldade em assumir desafios e buscar oportunidades de crescimento, tendência a evitar situações de exposição e dificuldade em tomar decisões assertivas.

4. **Origem**: ser excluído ou ignorado pelos pares na infância.

Dinâmica emocional: sentimentos de isolamento, baixa autoconfiança e ansiedade social.

Maiores medos: ser rejeitado, ser julgado e não ser aceito.

Consequências na vida pessoal: dificuldade em estabelecer e manter amizades, tendência a evitar interações sociais e dificuldade em confiar nos outros.

Consequências na vida profissional: dificuldade em trabalhar em equipe, ansiedade em situações sociais no ambiente de trabalho e tendência a se isolar profissionalmente.

5. **Origem**: ser vítima de abuso emocional na infância.

Dinâmica emocional: sentimentos de medo, raiva reprimida e falta de segurança emocional.

Maiores medos: ser magoado novamente, confrontar o abusador e ser vulnerável.

Consequências na vida pessoal: dificuldade em estabelecer relacionamentos saudáveis, tendência a se fechar emocionalmente e dificuldade em lidar com emoções negativas.

Consequências na vida profissional: dificuldade em confiar nos colegas de trabalho, tendência a se retrair em situações de conflito e dificuldade em estabelecer limites no ambiente profissional.

6. **Origem**: ser alvo de bullying na infância.

Dinâmica emocional: sentimentos de vergonha, humilhação e baixa autoconfiança.

Maiores medos: ser ridicularizado, confrontar os agressores e ser julgado.

Consequências na vida pessoal: dificuldade em desenvolver autoconfiança, tendência a evitar situações de exposição e dificuldade em se defender de maneira assertiva.

Consequências na vida profissional: dificuldade em assumir papéis de liderança, tendência a se subestimar e dificuldade em lidar com críticas construtivas.

7. **Origem**: ser comparado constantemente com os irmãos ou outras crianças na infância.

Dinâmica emocional: sentimentos de inveja, competição e baixa autoestima.

Maiores medos: não ser bom o suficiente, fracassar e ser deixado de lado.

Consequências na vida pessoal: dificuldade em se aceitar como é, tendência a se comparar constantemente com os outros e dificuldade em desenvolver uma imagem positiva de si mesmo.

Consequências na vida profissional: dificuldade em reconhecer e valorizar suas próprias conquistas, tendência a se autoexigir demais e dificuldade em se destacar no ambiente profissional.

8. **Origem**: ser afastado ou separado dos pais na infância.

Dinâmica emocional: sentimento de perda, abandono e ansiedade de separação.

Maiores medos: ser abandonado, ser traído e perder pessoas importantes.

Consequências na vida pessoal: dificuldade em desenvolver relacionamentos seguros, tendência a se apegar excessivamente aos outros e dificuldade em lidar com a solidão.

Consequências na vida profissional: dificuldade em lidar com mudanças e transições no trabalho, ansiedade em situações de separação profissional e dificuldade em estabelecer um senso de pertencimento no ambiente de trabalho.

PARA VER E REFLETIR

Uma longa viagem, dirigido por Jonathan Teplitzky[84]

O filme, estrelado por Colin Firth e Nicole Kidman, é inspirado na história real do protagonista Eric Lomax, que passou por diversas experiências traumáticas durante a Segunda Guerra Mundial que marcaram sua vida.

No entanto, ele consegue superar os traumas, transitar pelo sofrimento e encontrar reconciliação e paz de espírito.

Acesse o QR Code para um resumo do capítulo e uma meditação guiada:

---

84. UMA longa viagem. Direção: Jonathan Teplitzky. Austrália, Suíça, França, Reino Unido: California Filmes, 2013. (1h57min)

CAPÍTULO 13
O TEMPO ◊ CHAMADO INADIÁVEL PARA A JORNADA DE TRANSFORMAÇÃO

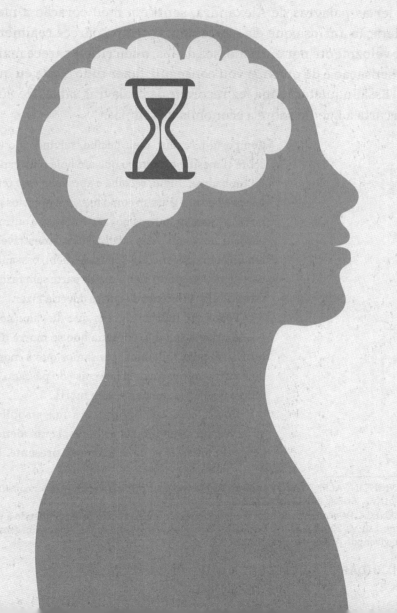

> "Não desista de um sonho só porque acha que precisa muito tempo para realizá-lo. O tempo vai passar de qualquer forma."
>
> Earl Nightingale (autor americano, 1921-1989)[85]

"Professor Eduardo, sinto o tempo escapando por entre meus dedos, tudo é rápido, isso me deixa ansiosa e angustiada."

(Alexandra, professora do Amazonas)

Ao ler as palavras de Alexandra, senti em meu coração a mesma inquietação ansiosa que ela expressou. O tempo parece realmente escapar velozmente por entre nossos dedos, o seu ritmo parece mais rápido e a sensação é de que não vou conseguir fazer tudo o que eu quero.

Essa inquietação me fez recordar das palavras sábias de Sêneca em sua carta a Lucílio sobre a economia do tempo:[86]

> Comporta-te assim, meu Lucílio, reivindica o teu direito sobre ti mesmo e o tempo que até hoje foi levado embora, foi roubado ou fugiu, recolhe e aproveita esse tempo. Convence-te de que é assim como te escrevo: certos momentos nos são tomados, outros nos são furtados e outros ainda se perdem no vento. Mas a coisa mais lamentável é perder tempo por negligência. Se pensares bem, passamos grande parte da vida agindo mal, a maior parte sem fazer nada, ou fazendo algo diferente do que se deveria fazer.
>
> Podes me indicar alguém que dê valor ao seu tempo, valorize o seu dia, entenda que se morre diariamente? Nisso, pois, falhamos: pensamos que a morte é coisa do futuro, mas parte dela já é coisa do passado. Qualquer tempo que já passou pertence à morte.
>
> Então, caro Lucílio, procura fazer aquilo que me escreves: aproveita todas as horas; serás menos dependente do amanhã se te lançares ao presente. Enquanto

---

85. NIGHTINGALE, E. In: **Pensador**. Disponível em: https://www.pensador.com/frase/MzMzODQlNw/. Acesso em: 12 set. 2023.

86. SÊNECA. Da economia do tempo – Sêneca saúda o amigo Lucílio. *In*: **Aprendendo a viver**. Porto Alegre: L&PM, 2008, p. 15-19. Disponível em: https://www.lpm.com.br/livros/imagens/aprendendo_a_viver.pdf. Acesso em: 14 ago. 2023.

adiamos, a vida se vai. Todas as coisas, Lucílio, nos são alheias; só o tempo é nosso.

A vida que nos parece infinita, sabemos que não é. E essa angústia em relação ao tempo é algo muito presente nos dias de hoje.

Por isso o cuidar de si mesmo, das próprias necessidades, objetivos e sonhos é uma prioridade que se tornou cada vez mais urgente e inadiável.

Cada dia podemos ter novas possibilidades, podemos tomar novas decisões, mudar hábitos e direções que, aos poucos, mesmo que com pequenas mudanças, ajudam a transformar a experiência que temos de nós mesmos e do mundo e revolucionam o nosso futuro.

A força que desenvolvemos quando cuidamos, valorizamos e aproveitamos o nosso tempo é o poder da **presença**. É a capacidade de nos sentirmos verdadeiramente vivos, de percebermos cada informação do contexto, cada sensação, cada emoção, cada necessidade. É estar consciente do que nos faz bem ou mal e tomar as melhores decisões que vão moldar nosso futuro.

Um encontro marcante no hospital de Reggio Emilia, na Itália, mudou minha vida para sempre. Arianna, uma mulher corajosa de 54 anos, lutava contra um câncer avançado. Em meio a suas dores e metástases, ela me presenteou com uma lição poderosa. Quando nossos olhares se encontraram, um silêncio carregado pairou no ar, até que ela quebrou o peso com palavras dolorosamente sinceras:

"Olho para trás com um coração cheio de arrependimentos. Sinto o peso das oportunidades perdidas, dos momentos que escaparam das minhas mãos. Como eu desejaria ter mais tempo para viver! Tempo para abraçar aqueles que amo, explorar lugares desconhecidos, perseguir meus sonhos mais profundos. A vida passou rápido demais e agora compreendo o quanto fui complacente, adiando experiências e sufocando minhas paixões. Se apenas pudesse voltar atrás, agarraria cada instante com fervor, sem medo ou hesitação. Mas é tarde demais. Que meu arrependimento seja um lembrete para outras pessoas: não deixe o tempo escapar de suas mãos. Viva com intensidade, persiga seus desejos, abrace o desconhecido. Não permita adiar o que faz seu coração vibrar. A vida é um presente valioso, e cada momento é uma oportunidade única. Não espere até o último dia para ansiar por mais tempo. Valorize cada dia e viva com a plenitude que você merece."

Uma semana depois, quando retornei à cidade, fui procurar Arianna, mas ela já não estava mais lá. O tempo havia se esgotado para ela. Aquela experiência me deixou marcado para sempre, um lembrete profundo da transitoriedade da vida. Até hoje, lembrando da Arianna, tenho me comprometido viver cada dia com paixão, abraçando cada momento com gratidão.

É essencial compreender que a vida é preciosa e que cada dia é uma oportunidade única para tomar decisões que moldarão o nosso futuro.

Há momentos em que conseguimos administrar o tempo com sabedoria; já em outras situações, a pressão exercida sobre nós gera desorganização e desequilíbrio pessoal, acarretando estresse e ansiedade.

A percepção do tempo, tão intimamente ligada à percepção da nossa vida, é algo muito precioso, mas o modo como experimentamos e usamos o nosso tempo parece, hoje em dia, superficial e insatisfatório.

Quando deixamos as interferências e dificuldades tomarem conta de nós e conduzir nossas decisões, não percebemos que estamos embarcando em um trem que não vai parar na estação que desejamos. Uma vez dentro do trem, sequer abrimos a janela para olhar a paisagem e, assim, nem reparamos que não estamos indo na direção do destino que queremos.

Desta forma, os anos passam sem percebermos, o tempo escorre rápido e, quando nos damos conta, nossa vida está diferente do que havíamos imaginado e desejado.

Temos um potencial imenso dentro de nós que aguarda para se manifestar, mas que não reconhecemos, não acreditamos e não colocamos em prática. Não utilizamos nossos talentos, qualidades e criatividade como poderíamos e, muitas vezes, desperdiçamos as oportunidades que a vida nos oferece, ficando bloqueados no "quase".

A vida é valiosa e curta demais para deixarmos que mecanismos de autossabotagem, medo, angústia e insegurança tomem conta das nossas decisões. Tem momentos na vida que precisamos ter a coragem de "morrer" para os velhos hábitos, para o que nos limita e para o que fomos, e olhar para o horizonte e o que queremos realizar e viver.

Assumir o compromisso consigo mesmo e com seus sonhos, aprender a sentir e acreditar no próprio potencial, cultivar os próprios dons e fazer desabrochar as próprias habilidades é provavelmente uma das coisas mais importantes a se fazer na vida.

O filósofo japonês Kitaro Nishida, em sua concepção da impermanência, nos ensina que tudo está em constante mudança e transformação.[87]

Nada é permanente, e é exatamente nessa impermanência que reside a beleza e a essência da vida. Quando compreendemos a transitoriedade de todas as coisas, ganhamos uma perspectiva diferente sobre o tempo e sobre como devemos vivê-lo.

Zygmunt Bauman, em sua teoria da "vida líquida", descreve a sociedade contemporânea como volátil e fugaz.[88] Vivemos em um mundo de constantes mudanças, onde as relações e as estruturas são fluidas e instáveis. Essa fluidez nos coloca diante do desafio de lidar com a incerteza e a impermanência de maneira construtiva. É um convite para sermos flexíveis e abraçarmos a transformação e a mudança como parte integrante de nossas vidas.

Não podemos viver fora do tempo, mas podemos escolher como vivemos dentro dele. Podemos tornar o tempo nosso aliado, aproveitando suas oportunidades para crescer, evoluir e realizar nossos sonhos mais profundos.

Lembre-se de que a vida é curta demais para viver em meio aos "quase". Assuma um compromisso consigo mesmo e com seus sonhos. Seja o protagonista da sua própria jornada. Olhe para o horizonte e visualize o que realmente deseja realizar e viver. Você é capaz de criar uma vida extraordinária, repleta de realizações e crescimento pessoal. Aproveite cada instante, agarre as oportunidades e construa um caminho que seja verdadeiramente seu.

---

87. NISHIDA, K. **Pensar Desde la Nada**: Ensayos de Filosofía Oriental. Salamanca: Ediciones Sígueme, 2006.
88. BAUMAN, Z. **Vida líquida**. Rio de Janeiro: Zahar, 2007.

PARA REFLETIR

1. Como está minha relação com o tempo?
2. Como eu falo a respeito do tempo?
3. Quais são as minhas prioridades?
4. Como e com o que eu estou atualmente escolhendo utilizar o meu tempo?
5. Estou dedicando tempo a mim mesmo?

PARA VER E REFLETIR

Mate ou morra, dirigido por Joe Carnahan[89]

O filme conta a história de Roy, um policial aposentado que inexplicavelmente fica preso no tempo e é obrigado a vivenciar repetidamente o dia de sua morte, até compreender que existe uma razão maior para que tudo isso aconteça.

A repetição contínua do presente faz o protagonista analisar e refletir sobre seu passado, suas escolhas, ações e emoções, e esse exercício consequentemente o faz entender as decisões que o levaram a se encontrar na situação atual e perceber que pode fazer novas escolhas, dar atenção às prioridades, compreender o que é importante e redirecionar o rumo da sua vida.

KALIPÈ ◊ CAMINHAR COM PASSO CURTO E LENTO, DE FORMA CONSTANTE

Kalipè é uma expressão usada nas áreas dos Himalaias como um desejo para a pessoa que começa a caminhar em direção às montanhas, para que ela possa fazer isso com passo curto e lento, mas com constância, continuidade e persistência, para poder realmente chegar ao pico da montanha com prazer, alegria, saúde e satisfação.

---

89. MATE ou morra. Direção: Joe Carnahan. Estados Unidos: Hulu, 2020. (1h40min)

Metaforicamente, utilizamos o *kalipè* quando queremos atingir uma meta, o "pico" do próprio sonho, sem que nos percamos na pressa, na correria, e evitando fazer tudo rápido, acelerado, apressado, precipitado e desatento, sem aproveitar a beleza do caminho, sem saborear a paisagem, sem sentir as emoções, sem respeitar as pessoas importantes ao nosso redor.

Kalipè permite, então, que você não perca as forças e as energia no meio do caminho, que mantenha a motivação e o entusiasmo e não entre em processos de ansiedade, angústia e esgotamento que levam à exaustão e à desistência do seu objetivo.

Esse conceito nos ensina que nem sempre a pressa é a melhor opção. Na nossa cultura, muitas vezes, adjetivos como "lento" e "devagar" têm uma conotação negativa e ineficaz, porém desacelerar é frequentemente a melhor solução para retomar o equilíbrio e as energias, para perceber se o ritmo que estamos impondo à nossa vida é saudável, e para colocar a atenção aos significados mais profundos da nossa existência e entender se aquilo que estamos fazendo é realmente aquilo que queremos.

Permita-se fazer a sua caminhada *kalipè*, com passo curto e lento, de modo constante. Coloque foco na sensação dos pés tocando o chão, na respiração e nos sons ao redor e nas suas sensações. Aprecie cada passo e encontre serenidade em meio à simplicidade do ato de caminhar.

Vale também ressaltar que desde a Antiguidade clássica, filósofos como Aristóteles e Sócrates reconheciam os benefícios de caminhar enquanto ensinavam.[90, 91]

Friedrich Nietzsche, por sua vez, encontrava estímulo para seus pensamentos durante suas caminhadas, afirmando que "todos os pensamentos verdadeiramente grandes são concebidos caminhando".[92]

Em um mundo agitado e acelerado, no qual somos constantemente bombardeados por estímulos rápidos e superficiais, nosso cérebro acaba sobrecarregado e cansado. No entanto, há uma maneira simples e eficaz de encontrar o equilíbrio: caminhar.

---

90. ARISTÓTELES. **Aristóteles - Os Pensadores**: Volume 2. São Paulo: Abril, 1979.

91. SÓCRATES. **Sócrates - Os Pensadores**. São Paulo: Nova Cultural, 2004.

92. ALÇADA, S. Caminhar: um hábito antigo que faz muito pela nossa longevidade. **Impulso Positivo**, 8 jun. 2022. Disponível em: https://impulsopositivo.com/caminhar-um-habito-antigo-que-faz-muito-pela-nossa-longevidade/. Acesso em: 15 ago. 2023.

Caminhar nos permite reconectar com ritmos mais lentos e naturais. É uma oportunidade para libertar a mente do estresse, desacelerar e descansar dos pensamentos repetitivos. Ao direcionar a atenção para a paisagem, os passos, o próprio corpo e a respiração, nossa mente relaxa e encontra espaço para interligar ideias, ativar o pensamento criativo, encontrar soluções e elevar o humor e a confiança.

Doze minutos de caminhada são suficientes para melhorar o humor, a criatividade e autoconfiança, retomando energia e vitalidade.

DESPERTAR PARA A TRANSFORMAÇÃO ATRAVÉS DA REGRA DO MINUTO

A Regra do Minuto é um método prático e inspirador baseado na filosofia Kaizen, desenvolvida por Masaaki Imai.[93] Essa abordagem enfatiza a busca contínua pela melhoria, incentivando mudanças graduais e consistentes em todas as áreas da vida. A Regra do Minuto se destaca por sua simplicidade e eficácia, permitindo que qualquer pessoa possa aplicá-la facilmente no dia a dia.

A palavra Kaizen é composta de dois ideogramas japoneses, *kai* – que significa "mudança" e "melhoria" – e *zen* – que significa "sabedoria" e "do bom para o melhor". Podemos traduzi-la, então, como uma **mudança contínua para melhor, melhoria contínua e constante com sabedoria** que é alcançada através de pequenas etapas, pequenos passos, porém com comprometimento diário e constante para alcançar o objetivo e desenvolver a disciplina e a motivação.

O conceito fundamental por trás da Regra do Minuto é que dedicar apenas um minuto por dia para realizar uma ação positiva ou alcançar um objetivo pode resultar em grandes transformações ao longo do tempo. É uma abordagem que valoriza a consistência e o comprometimento diário, mesmo que em pequenas doses.

Para começar a aplicar a Regra do Minuto, é importante identificar áreas em sua vida que você gostaria de melhorar ou metas que deseja alcançar. Pode ser algo relacionado a saúde, desenvolvimento pessoal,

---

93. O QUE é Kaizen™. **Kaizen™ Institute**. Disponível em: https://pt.kaizen.com/o-que-e-kaizen. Acesso em: 15 ago. 2023.

relacionamentos, produtividade ou qualquer outro aspecto importante para você. Uma vez identificado, escolha uma ação simples que possa ser realizada em apenas um minuto e que esteja alinhada com seu objetivo.

Ao longo do dia, reserve um momento para dedicar um minuto a essa ação. Pode ser algo como fazer exercícios de alongamento, ler um trecho de um livro, escrever em um diário, meditar, expressar gratidão, organizar sua mesa de trabalho, aprender algo novo ou qualquer atividade que contribua para o seu crescimento pessoal.

A filosofia por trás da Regra do Minuto reside na compreensão de que o tempo é um recurso valioso e que cada minuto conta. Ao aproveitar esse momento diário para se concentrar em uma ação específica você está construindo um hábito positivo, fortalecendo sua disciplina e criando um impulso contínuo em direção aos seus objetivos.

Além disso, a abordagem Kaizen da Regra do Minuto enfatiza a importância de uma mentalidade de melhoria contínua. Ao adotar a prática de dedicar um minuto diário para uma determinada ação, você está treinando sua mente para ter disciplina e foco. Isso ajuda a superar a procrastinação e a resistência, fortalecendo a motivação.

A Regra do Minuto pode ser aplicada em qualquer área da vida, seja no âmbito pessoal, seja no profissional. Ela permite que você transforme gradualmente hábitos negativos em positivos, promovendo mudanças sustentáveis e duradouras. À medida que avança nesse processo, você desenvolve uma mentalidade de crescimento e conquista um senso de empoderamento, uma vez que experimenta os resultados de seu comprometimento diário.

É importante destacar algumas descobertas científicas relacionadas ao poder da consistência, do foco e do hábito para compreender por que a Regra do Minuto é tão eficaz. Aqui estão alguns pontos para que compreenda o que acontece no seu cérebro durante essa prática:

1. **Neuroplasticidade**: a prática consistente da Regra do Minuto estimula a formação de novos padrões neurais, fortalecendo as redes cerebrais associadas a ações positivas e comportamentos desejados.

2. **Foco e atenção**: ao dedicar um minuto para uma ação específica, você está direcionando sua atenção plenamente para

essa atividade. Isso reduz a distração e aumenta a clareza mental, criando um ambiente propício para a produtividade.

3. **Formação de hábitos**: a Regra do Minuto pode ser vista como uma estratégia para a formação de hábitos positivos. Estudos científicos indicam que a repetição consistente de uma ação por um período prolongado leva à automação e à consolidação de um hábito. Ao praticar a Regra do Minuto diariamente, você está reforçando os circuitos cerebrais associados a esse comportamento, tornando-o mais natural e fácil de realizar.

4. **Dopamina e recompensa**: a neurociência sugere que a realização de pequenas ações e o cumprimento de objetivos ativam o sistema de recompensa do cérebro, liberando dopamina, neurotransmissor associado ao prazer e à motivação. Ao aplicar a Regra do Minuto, você experimenta um senso de realização a cada minuto investido, incentivando a continuidade e a persistência.

Aqui estão alguns exemplos de como a Regra do Minuto pode ser aplicada no cotidiano:

1. A cada dia, dedique um minuto para escrever em um diário de gratidão, registrando três coisas pelas quais você se sente grato.

2. Reserve um minuto todas as manhãs para praticar uma técnica de respiração consciente, focando a sua respiração e trazendo calma para o seu dia.

3. Antes de dormir, invista um minuto para refletir sobre os acontecimentos do dia e identificar uma lição aprendida ou um momento positivo.

4. Aproveite um minuto do seu dia para realizar uma breve pausa de alongamento, aliviando a tensão muscular e promovendo o bem-estar físico.

5. Destine um minuto para aprender algo novo, como uma palavra em um idioma estrangeiro ou um fato interessante sobre um assunto de que você gosta.

Ao dedicar um minuto diário para ações alinhadas aos seus objetivos, você está trilhando um caminho de crescimento consistente. Um minuto pode parecer pouco tempo, porém o compromisso constante e preciso treina uma forma mental de disciplina e foco e também fortalece a motivação por continuar, pois é justamente dando pequenos passos que podemos conseguir alcançar grandes resultados.

Por ser pouco tempo, qualquer pessoa pode realizar essa prática e podemos oferecê-la também aos nossos alunos na sala de aula.

Lembre-se de que um caminho começa com o primeiro passo.

PARA REFLETIR

Qual é a sua atividade para fazer por um minuto durante os próximos trinta dias?

É PRECISO "DEIXAR IR"

De acordo com Jorge Luis Borges, existem duas maneiras de conceber o fluxo do tempo: "Desde o passado em direção ao futuro, ou desde o futuro em direção ao passado. Em qualquer um dos casos, o fluxo nos atravessa num ponto, que denominamos presente".[94]

É nesse ponto do fluxo do tempo chamado **presente** no qual podemos, com a nossa consciência e percepção, voltar ao **passado** e rever comportamentos e decisões, aprender com as experiências e até "modificar" nossas reações ou ir em direção ao **futuro**, imaginando, visualizando, concebendo e criando o que desejamos.

Com a sabedoria atual, podemos limpar o nosso coração de mágoas, dores, culpas e rancores do passado e deixar para trás bagagens hoje inúteis que pesam nos nossos ombros doloridos e impedem o caminhar leve e fluido pela vida. E é com essa mesma sabedoria que também podemos criar os objetivos e a realidade que tem significado e sentido para nós mesmos no futuro.

---

94. ISQUIERDO, I. Memórias. **Studocu**. Disponível em: https://www.studocu.com/pt-br/document/centro-universitario-jorge-amado/processos-psicologicos-basicos/memorias-ivan-isquierdo/15403192. Acesso em: 15 ago. 2023.

Desse mágico ponto em que o fluxo do tempo nos atravessa, transformamos, criamos e mudamos a percepção e compreensão dos fatos do passado e atualizamos os sonhos futuros para viver plenamente e com gratidão o "presente" maravilhoso que é a vida.

"Como faço uma escultura? Simplesmente retiro do bloco de mármore tudo que não é necessário."

Michelangelo[95]

Essa frase de Michelangelo nos faz refletir sobre como, na realidade, é mais difícil para o ser humano "retirar" do que "adicionar" algo na própria vida. Em vários estudos e pesquisas foi evidenciado como temos um pensamento do tipo: "mais é sempre melhor".[96]

Nos concentramos em adicionar coisas e elementos para solucionar ou melhorar um problema ou para nos sentirmos bem, independentemente de sua utilidade ou real relevância para a situação em questão. Quando pensamos em melhorar algo, quase sempre a primeira coisa que vem à mente é incluir algo a mais, nos perguntando: "O que mais posso fazer? O que mais preciso ter?".

Isso acontece porque ideias "aditivas" vêm à mente de maneira mais rápida e fácil, enquanto ideias "subtrativas" requerem maior esforço cognitivo e de avaliação crítica da situação. Como nos dias de hoje somos pressionados em encontrar soluções rápidas para tudo, tendemos a aceitar as primeiras ideias que vêm à mente, sem considerar retirar e eliminar o inútil, o supérfluo o nocivo.

Precisamos refletir e perceber que muitas vezes a mudança real acontece quando aprendemos a "retirar" os pesos da culpa, deixar ir as amarras do medo e as couraças das convicções limitantes que bloqueiam a nossa vida e nos deixam pesados e cansados, escondendo nosso brilho, e permitir que a obra de arte que cada um de nós é se liberte do mármore do

---

95. MICHELANGELO. **Pensador**. Disponível em: https://www.pensador.com/frase/Mzkx/. Acesso em: 15 ago. 2023.

96. ADAMS, G. S. *et al.* People Systematically Overlook Subtractive Changes. **Nature**, v. 592, n. 7853, p. 258–261, 2021. Disponível em: https://www.nature.com/articles/s41586-021-03380-y. Acesso em: 15 ago. 2023.

inútil e do irrelevante, manifestando-se e expressando-se em toda a sua plenitude, beleza e unicidade.

PARA REFLETIR

Às vezes a vida, com suas crises e desafios, nos "convida" a mudar.

Se o barco da sua vida estivesse afundando e você precisasse jogar ao mar tudo aquilo que não é mais essencial, importante e verdadeiro, o que você jogaria?

Alguns podem jogar a autocrítica excessiva e sabotadora, outros a insegurança e o medo de ousar, mas do que **você** se livraria nessa situação?

PARA PRATICAR: CARTA DE DESPEDIDA
◇ LIBERANDO AS AMARRAS DO PASSADO

Quando se sentir triste, com raiva, insatisfeito, em sofrimento ou agitado, observe e sinta. Provavelmente essas emoções estão lhe enviando mensagens muito importantes sobre a sua vida, já que elas são mensageiras preciosas que indicam que é necessário dar uma virada de chave, realizar uma mudança, fechar ciclos e **liberar as amarras** que lhe prendem e lhe impedem de voar.

Um exercício poderoso para liberar as amarras emocionais do passado é a escrita de uma carta de despedida. Siga estes passos:

1. Escolha um ciclo emocional específico que você deseja encerrar. Pode ser um relacionamento passado, uma situação difícil ou um evento traumático.

2. Encontre um lugar tranquilo onde você possa se concentrar e se sentir à vontade para expressar suas emoções.

3. Comece a escrever uma carta para a pessoa, situação ou evento que você deseja deixar para trás. Expresse seus sentimentos, emoções e pensamentos mais profundos. Seja honesto consigo mesmo.

4. Fale sobre os impactos que esse ciclo emocional teve em sua vida e como você se sente agora em relação a ele. Reconheça os desafios e as lições aprendidas.

5. Quando terminar de escrever a carta, releia-a cuidadosamente. Permita-se sentir as emoções que surgem e liberar qualquer ressentimento, tristeza ou raiva.

6. Depois de reler a carta, escolha um momento simbólico para fechar o ciclo emocional. Isso pode ser queimar a carta, rasgá-la em pedaços ou enterrá-la simbolicamente.

7. Em seguida, escreva uma seção sobre o que você deseja para o seu futuro. Descreva objetivos, sonhos e aspirações sem a influência negativa desses ciclos emocionais; visualize os resultados na sua tela mental e guarde essa carta de sonhos e resultados para revê-la quando desejar.

PARA PRATICAR: EXERCÍCIOS DE LIBERAÇÃO

1. Escolha um momento e um local calmo e tranquilo.

2. Feche os olhos e respire profundamente, permitindo-se relaxar e se conectar consigo mesmo.

3. Visualize diante de você uma tela ou um quadro em branco.

4. À medida que surgirem pensamentos ou imagens relacionados ao passado que você quer deixar ir, visualize-os sendo transferidos para a tela.

5. Observe esses pensamentos e essas imagens com gentileza, reconhecendo sua presença, mas não se apegando a eles.

6. Agora, imagine uma grande borracha ou um pano que limpa completamente a tela, apagando tudo ali.

7. Sinta a sensação de alívio e liberação à medida que a tela fica em branco.

8. Visualize-se caminhando em direção ao futuro, livre dos fardos do passado, com um sentimento de leveza e liberdade.

9. Coloque na tela em branco as imagens da realidade que você quer vivenciar.

10. Abra os olhos e respire profundamente, trazendo consigo a sensação de liberação e renovação.

Pratique esses exercícios regularmente, adaptando-os às suas necessidades e preferências. Lembre-se de que o processo de deixar ir pode levar tempo. Ao se comprometer em deixar para trás o que não mais lhe serve, você abrirá espaço para uma vida mais leve, plena e livre.

A LIBERDADE DE FECHAR CICLOS

É preciso coragem para fechar ciclos, eu sei, e mais coragem ainda para olhar dentro de nós. Porém esse processo é necessário para continuar no caminho da própria vida e evolução.

Em algum momento da nossa existência, todos passamos por experiências dolorosas, traumas ou situações que deixaram marcas profundas em nosso ser. Essas vivências muitas vezes se transformam em ciclos emocionais abertos que nos acompanham ao longo do tempo, afetando nossa qualidade de vida e nosso bem-estar e nos mantendo aprisionados no passado, impedindo-nos de viver plenamente o presente e de criar um futuro de maior realização e equilíbrio.

Quantas vezes nos vemos presos em um ciclo interminável de fardos do passado? Carregamos problemas não resolvidos, situações dolorosas, sofrimentos arraigados e até mesmo pessoas que já não fazem mais parte de nossas vidas. Essa bagagem pesada se transforma em uma armadilha que nos aprisiona, impedindo-nos de virar a página e caminhar leves e felizes pela vida.

É como se estivéssemos carregando uma mochila cheia de pedras, cada uma representando uma experiência não resolvida. Essas pedras nos sobrecarregam, drenam nossa energia vital e nos mantêm em constante esforço. A cada passo que damos, sentimos o peso desse fardo, dificultando nosso progresso e impedindo-nos de nos tornarmos a melhor versão de nós mesmos.

Muitas vezes esses fardos e essa falta de energia são consequências de um cansaço mental. É uma sensação familiar perder o sono enquanto nossa mente insiste em relembrar aquela lista interminável de coisas pendentes? Perder a concentração no trabalho devido a tarefas não finalizadas, ligações não feitas, compromissos a serem marcados ou desmarcados, leituras incompletas, e-mails não enviados, tarefas abandonadas pela metade ou conversas que não foram realizadas?

Quando algo não é concluído, quando um ciclo está aberto, o cérebro relembra e repropõe aquela informação constantemente, podendo sobrecarregar nossa mente, concentração, tranquilidade e vitalidade.

Isso acontece porque nosso cérebro tem uma tendência a fixar-se nas coisas não concluídas, constantemente lembrando-nos de suas demandas. Por um lado, isso pode ser positivo, nos impulsionando a concluir o que é necessário. No entanto, pode se tornar um fardo quando nossa mente e foco permanecem presos às tarefas e ações incompletas, incapazes de arquivá-las como finalizadas.

Esse fenômeno, conhecido como o efeito Zeigarnik, foi descrito pela pesquisadora russa Bluma Zeigarnik em 1927,[97] dizendo que o cérebro não quer deixar incompleto o que estamos fazendo, mantendo-nos

---

97. SALES, J. Efeito Zeigarnik: o que é e como afeta a sua produtividade. **ProdutivaMente**, 11 abr. 2018. Disponível em: https://blogprodutivamente.wordpress.com/2018/04/11/efeito-zeigarnik-o-que-e-como-afeta-produtividade/. Acesso em: 15 ago. 2023.

em constante tensão interna até que possamos fechar o ciclo daquela tarefa, situação ou ação.

Para evitar que nossa mente fique aprisionada em "ciclos inacabados e inconclusos", é crucial planejar e anotar nossas pendências. Transferir nossas obrigações para o papel, a agenda ou o computador permite que a mente se sinta aliviada, como se aquela tarefa estivesse concluída, abrindo espaço para nos concentrarmos no que realmente importa para realmente chegar ao resultado desejado.

O efeito Zeigarnik também se manifesta em nossas vidas. Por isso, é fundamental fechar ciclos do passado, concluir situações pendentes e expressar o que precisa ser dito, mesmo que apenas na sua mente.

Você descobriu durante a leitura deste livro que é possível, sim, dar um passo corajoso em direção à cura e à transformação interior, fechando esses ciclos e abrindo espaço para um novo caminhar.

PARA LER E REFLETIR

Tome um momento para refletir sobre quais são os ciclos abertos em sua vida.

Quais são os projetos inacabados? As conversas pendentes? As decisões adiadas? As questões emocionais não resolvidas? Identifique-os e pense em como você pode fechar esses ciclos.

Pode não ser fácil. Alguns ciclos exigirão coragem, outros podem exigir perdão, compreensão, aceitação e novas escolhas. Mas lembre-se: cada ciclo fechado é como um capítulo concluído em seu livro da vida. Ele permite que você vire a página, passe para uma próxima etapa, pronto para novas experiências, crescimento pessoal e autodescoberta. Quando você fecha um ciclo, está declarando ao universo e a si mesmo que está pronto para seguir em frente.

PARA PRATICAR: DEFININDO SEUS OBJETIVOS

Quando se fecham ciclos obsoletos em nossa vida, temos energia para começar outros ciclos, criando novos objetivos.

Porém, antes de um objetivo ser manifestado na nossa realidade, ele precisa ser pensado, idealizado, criado no invisível da nossa mente e sentido no fundo do nosso coração, preparando, assim, o terreno para projetar, organizar e direcionar as ações para a sua realização.

Se conseguimos assumir a consciência do nosso poder criativo e criador, podemos transformar a nossa realidade limitante. Mas se não nos reconhecermos como fonte criativa, não teremos influência sobre a nossa realidade, nos sentindo aprisionados e impotentes em transformá-la.

Dessa forma, a manifestação dos objetivos se torna difícil, não fluida, cheia de dúvidas, indecisões, incertezas e obstáculos.

Quando identificamos e reconhecemos as ideias limitantes construídas no passado e assumimos a responsabilidade sobre elas, podemos transformá-las, terminando com uma dinâmica contraditória e exaustiva na qual queremos que algo se manifeste no presente, porém nos mantemos conectados, presos, ligados, vinculados aos medos e às limitações do passado. Só assim podemos parar de desperdiçar a nossa energia criativa e criadora e redirecioná-la àquilo que realmente desejamos viver no presente.

Chegou, então, o momento de refletir sobre as perguntas a seguir e começar a desenhar os seus novos objetivos:

1. O que eu quero? (Aqui você define os objetivos)

2. Por que quero isso? (Momento de identificar os valores e o escopo maior)

3. Como posso realizar o que quero? (Passo para elaborar uma estratégia de ação e tempo)

Lembrando de algumas regras básicas no estabelecimento dos objetivos:

Precisão: estabelecer o que quer realizar da forma mais exata possível.

Medida: fixar alguns critérios que permitam mensurar o progresso e perceber se está no caminho certo.

Responsabilidade: reconhecer a importância da autorresponsabilidade para atingir seus objetivos.

Realismo: perceber se o objetivo está de acordo com seus valores, se é importante para você e como afeta as pessoas importantes da sua vida.

Otimização: estipular o tempo necessário para o seu objetivo.

PARA VER E REFLETIR

Um milagre inesperado, dirigido por Glendyn Ivin[98]

Cada ser humano, no seu caminhar pela vida, vive altos e baixos, sofre pequenos ou grandes traumas, enfrenta dificuldades diárias na vida pessoal e profissional, se confronta na relação com os outros e, aos poucos, aprende a curar as feridas, compreender os obstáculos para superá-los, fechar ciclos e manter o olhar para o horizonte.

Esse é o tema do filme, baseado nos fatos reais narrados no livro *Penguin Bloom*, de Cameron Bloom e Bradley Trevor Greive.[99]

A protagonista, Sam Bloom, sofre uma queda em suas férias na Tailândia e fica com as pernas paralisadas. A partir desse momento, a sua vida e da sua família muda completamente e o filme conta a trajetória de fechamento de ciclos e renascimento emocional da protagonista.

---

98. UM milagre inesperado. Direção: Glendyn Ivin. Austrália, Estados Unidos: Roadshow Films, Netflix, 2020. (1h35min)

99. BLOOM, C.; GREIVE, B. T. **Penguin Bloom**: a pequena ave que salvou uma família. Rio de Janeiro: BestSeller, 2021.

A IMPORTÂNCIA DE TER "MOMENTO DE DESCOMPRESSÃO"

"Professor, minha existência se assemelha ao fardo de Atlas, o Titã, a quem Zeus condenou a carregar o peso da Terra em seus ombros por toda a eternidade. Essa é a carga que sinto sobre mim neste momento da minha vida. É uma sensação avassaladora de responsabilidade e exaustão constante."

(Mario, educador do Paraná)

"Professor Edu, estou sempre cansada, parece que não consigo recuperar minhas energias."

(Maristela, educadora de Santa Catarina)

Quantas vezes nos sentimos como Mario, carregando o mundo nas costas como Atlas e lutando para suportar esse peso em nossos ombros? Ou como a professora Maristela, cansados e esgotados?

Quantas vezes nos sentimos esmagados pelos pesos das responsabilidades que achamos que devemos carregar e pressionados pelas expectativas que achamos que devemos corresponder?

As preocupações, as ansiedades diárias, o medo, a incerteza e as frustrações contribuem para tornar esse fardo insustentável, o que piora quando reprimimos e bloqueamos as nossas emoções, podendo cair na síndrome de burnout – também conhecida como síndrome do esgotamento profissional –, incluída em 2022 no Código Internacional de Doenças.

O cansaço é um sintoma que não devemos subestimar. É um alerta e uma comunicação que o corpo nos envia, indicando que o equilíbrio de energia e forças não está adequado. É um sinal sobre a necessidade de parar e de estabilizar o nosso ritmo, recarregando-se e desligando o fio da tomada.

Porém, não precisamos esperar estarmos esgotados e no limite da capacidade de aguentar para puxar o fio da tomada.

Devemos equilibrar também o nosso dia a dia, ter momentos de pausa para nos desligar dos problemas e repor a energia. É curioso

196 | CUIDAR DE QUEM EDUCA

como muitas vezes só paramos para pensar em nossa saúde quando estamos doentes, refletimos sobre a vida quando nos vemos diante da iminência da morte e buscamos o amor quando a solidão se instala em nossas vidas. Por que esperar até chegar a esses extremos para nos conscientizarmos da importância do autocuidado?

A verdade é que não podemos transferir a responsabilidade de nossa vida e daquilo que é mais importante para nós. Somos os protagonistas de nossa própria existência e temos o poder de tomar as rédeas do nosso bem-estar físico, emocional, mental e espiritual.

Após um dia estressaste é importante dedicar um tempo – que eu chamo de **tempo de descompressão**, como os mergulhadores fazem antes de subir na superfície do mar – para uma atividade que ajude a renovar as energias, deixando as preocupações e o cansaço para trás.

O que você escolhe fazer para ter momentos de descompressão diários ou periódicos?

Exemplo de atividades que podem ajudar: ouvir uma música de que você gosta, tomar um banho, levar o cachorro para passear, fazer caminhadas ou outra atividade física, cuidar das plantas, brincar com os filhos, ler um livro que o inspire, cozinhar, ir para um retiro, viajar para um lugar relaxante etc.

Lembrando que nesses momentos de descompressão podemos ter as melhores ideias. Geralmente as melhores intuições vêm quando estamos relaxados, em momentos em que não pensamos naquele problema específico. Reservar um tempo para se desligar do mundo e das suas preocupações ajuda a permitir que a solução seja incubada, ou seja, preparada para se manifestar.

Lembre-se de que cada pessoa tem suas próprias preferências e o que traz felicidade e realização pode variar. Explore diferentes atividades, ouça seu coração e escolha aquelas que ressoam com você.

O importante é transitar de um "modo cansaço" e "modo sobrecarregado", marcados pela falta de energia, para um "modo recarregado", marcado pela valorização da vida, do viver e do florescer da sua energia vital. O importante é dedicar tempo para si mesmo, buscar o equilíbrio e criar uma vida que seja repleta de alegria, amor, prazer, realização e paz.

Esse momento de descompressão pode ser ficar em contato com a natureza, por exemplo. No Japão são pesquisados os resultados dos "banhos de floresta", *shinrin yoku* em japonês, e os benefícios terapêuticos de estar em contato com a natureza e com a atmosfera e energia da floresta.[100]

Os estudos do novo ramo da neurociência ambiental também evidenciaram a associação entre a experiência em um ambiente físico natural, ao ar livre, e uma melhoria nas funções cognitivas do ser humano, como memória e atenção.[101]

O tempo que podemos passar na natureza são verdadeiros momentos de descompressão e antídotos ao estresse. São presentes preciosos e importantes na promoção de níveis mais altos de equilíbrio do sistema nervoso, bem-estar e saúde mental.

O processo de aprendizagem do aluno exige também períodos de descanso, de repouso, de pausas e de lazer para facilitar a consolidação do conteúdo na memória de longa duração, fazer uma renovação mental e voltar com mais disposição para as tarefas.

Para nossos alunos, ter momentos de pausa é essencial. A neurocientista M. H. Immordino-Yang evidencia a importância "de ficar entediado" naquele tempo entre uma tarefa feita e uma ainda a se fazer, quer dizer, desativar a atenção e relaxar, fazer pausas.

As pausas permitem elaborar melhor as informações recebidas e os conhecimentos adquirido durante a tarefa, possibilitando aprofundar o sentir e a elaboração, facilitando uma reflexão pessoal capaz de criar um sentido duradouro e um significado individual ao aprendizado.[102]

---

100. OS BANHOS de floresta no Japão (Shinrin-yoku). **Japan Travel**. Disponível em: https://www.japan.travel/pt/guide/forest-bathing/. Acesso em: 15 ago. 2023.

101. BERMAN, M. G.; JONIDES, J.; KAPLAN, S. The Cognitive Benefits of Interacting with Nature. **Psychological Science**, v. 19, n. 12, p. 1207-1212, 2008. Disponível em: http://dx.doi.org/10.1111/j.1467-9280.2008.02225.x. Acesso em: 31 ago. 2023.

102. IMMORDINO-YANG, M. H. **Emotions, Learning, and the Brain**: Exploring the Educational Implications of Affective Neuroscience. New York: W. W. Norton & Company, 2015.

PARA PRATICAR: O SILÊNCIO QUE CURA

Experimente durante o dia permanecer por um tempo em silêncio, praticando a auto-observação e a autoconsciência, diminuindo a atividade dos pensamentos e das ações.

No final do seu momento de silêncio, permita que seu primeiro pensamento ou sua primeira palavra seja uma expressão positiva, de gratidão e gentileza. Por exemplo, você pode pensar: "Sou grato pela oportunidade de estar presente neste momento" ou "Sou gentil e amoroso comigo mesmo".

Permaneça nesse estado de silêncio e serenidade pelo tempo que sentir confortável. Quando estiver pronto, abra suavemente os olhos e traga consigo a sensação de calma e positividade.

Esse exercício de momento de descompressão promove um estado de quietude interna e consciência plena, afastando o "barulho" mental que muitas vezes nos distrai e nos causa estresse. Ao praticar momentos de silêncio, você tem a oportunidade de se conectar consigo mesmo, observar seus pensamentos sem julgamento e cultivar uma maior clareza mental.

Além disso, ao permitir que seu primeiro pensamento ou palavra após o silêncio seja uma expressão positiva, de gratidão e gentileza, você está treinando sua mente para focar o lado positivo da vida, aumentando sua resiliência emocional e promovendo uma perspectiva mais otimista.

Acesse o QR Code para um resumo do capítulo e uma meditação guiada:

CAPÍTULO 14

POR QUE A MUDANÇA É POSSÍVEL?

> "Não comece o dia com os pedaços rasgados de ontem. Cada manhã que nos despertamos é o primeiro dia do resto de nossa vida."
> Xamece de Tabriz, místico sufi iraniano[103]

NEUROPLASTICIDADE, O CÉREBRO EM CONTÍNUO DESENVOLVIMENTO

O ser humano possui uma capacidade imensa de mudar e essa capacidade se baseia em uma característica do cérebro conhecida como **neuroplasticidade**, que é, em síntese, a capacidade de adaptação do sistema nervoso às mudanças que ocorrem na vida das pessoas.

O cérebro é continuamente esculpido pelas experiências que vivemos, como nos ensina o neurocientista Eric Kandel, Nobel de Medicina em 2000,[104] e, com o decorrer do tempo, para aprender a atingir seus objetivos, ele sempre está disponível a recriar-se e modificar-se.

Em uma forma abrangente, a plasticidade neural pode ser definida como uma mudança adaptativa na estrutura e nas funções do sistema nervoso, que ocorre em qualquer período da vida – apesar de ser mais constante na infância –, em consequência de interações com o ambiente interno ou externo. A ideia básica da neuroplasticidade é: tudo o que você pensa, faz e foca a atenção altera a estrutura e o funcionamento do seu cérebro.

Como educadores, podemos perceber o quanto essa capacidade do cérebro de se adaptar, mudar e se reorganizar conforme as informações, experiências e interações interpessoais e sociais é a base para a aprendizagem e a construção do conhecimento, potencializando as sinapses existentes – ou seja, começar a fazer melhor o que já sabíamos fazer antes –, e também formar novas conexões sinápticas, por meio de novas experiências e aprendizados.

Para que a potencialização de novas informações e experiências – e sinapses – permaneça, elas devem ser estáveis, ou seja, é neces-

---

103. RUMI, Jalal Al-Din H.; CARVALHO, J. J. de. **Poemas Místicos - Divan de Shams de Tabriz**. São Paulo: Attar, 1996.
104. "GRANDE parte de nossa vida mental é inconsciente". **Consultor Jurídico**, 23 dez. 2011. Disponível em: https://www.conjur.com.br/2011-dez-23/ideias-milenio-eric-kandel-neurocientista-nobel-medicina. Acesso em: 14 ago. 2023.

sário ativar o mecanismo da memória de longa duração e isso exige repetição e emoção.

Uma consequência interessante da neuroplasticidade é que é possível intencionalmente alterar a estrutura e o funcionamento do seu cérebro graças à experiência e à vivência, e conforme você usa sua mente e seus pensamentos – não importa qual seja a sua idade, você pode criar novos circuitos neurais e construir novas sinapses que vão levá-lo a ter mais sucesso e felicidade por meio da capacidade do cérebro de se reorganizar e mudar a própria estrutura em resposta às experiências. Por isso, habitue o seu cérebro a funcionar a seu favor.

Durante esse processo, os impulsos nervosos passam de uma célula a outra, criando um diálogo na rede neural. O mecanismo químico de interação entre os neurônios que acontece na terminação do neurônio se chama sinapse. Sinapses nervosas, portanto, são os pontos onde as extremidades de neurônios-vizinhos fazem contato, criando uma rede de informações de tamanho quase incalculável. O estímulo nervoso passa de um neurônio para o seguinte por meio dos neurotransmissores. Várias sinapses criam uma experiência; e várias experiências, unidas e repetidas, criam as redes neurais.

O neurocientista Norman Doidge, nos seus livros *O cérebro que cura*[105] e *O cérebro que se transforma*,[106] define a neuroplasticidade como a propriedade que permite ao cérebro modificar a própria estrutura e o próprio funcionamento em resposta às atividades e à experiência mental.

Como diz Kandel, quanto mais utilizamos o nosso cérebro, mais ele modifica constantemente sua arquitetura, e isso é a base das diferenças entre as pessoas – uma vez que todos nós crescemos em ambientes diferentes, fomos expostos a combinações únicas de estímulos, aprendemos coisas diferentes e tendemos a exercitar nossas habilidades motoras e perceptivas de maneiras variadas, a arquitetura de nossos cérebros será modificada de maneira única e singular.

Até não muito tempo atrás, se pensava que, depois de sua maturação, o cérebro permanecia igual durante a vida até a gradual degeneração na

---

105. DOIDGE, N. **O cérebro que cura**. Rio de Janeiro: Record, 2016.
106. DOIDGE, N. **O cérebro que se transforma**: como a neurociência pode curar as pessoas. Rio de Janeiro: Record, 2011.

velhice. A partir dos anos 1990, com as pesquisas do neurocientista Eric Kandel, a ideia de imutabilidade da estrutura do cérebro foi substituída pela confirmação da sua plasticidade.

Kandel descobriu que quando o ser humano trabalha e transforma o seu interior – suas crenças, condicionamentos, pensamentos, emoções – e, então, chega a uma mudança profunda em sua maneira de sentir e viver, acontecem mudanças no cérebro, onde se reforçam algumas conexões entre os neurônios e que isso, com a repetição e a intensidade emotiva das novas maneiras de ser, se torna estrutural.[107]

As mudanças estruturais que podem ser avaliadas diretamente graças à evolução da tecnologia de imagens do cérebro, como a ressonância magnética, permitem observar a atividade cerebral em tempo real e constatar a correlação entre um estado interno subjetivo e o que acontece fisicamente no cérebro.

Ou seja, a partir dessa descoberta e confirmação da plasticidade cerebral, aquilo que antes era considerado imutável hoje é reconhecido como possível de ser modelado pela nossa transformação voluntária e autodirecionada. Não estamos aprisionados em uma estrutura inalterável, mas abertos a infinitas possibilidades de transformação.

O cérebro é, portanto, suficientemente plástico para poder se remodelar e se reorganizar, especialmente como resultado do impulso dado pelo querer e pela força de vontade do próprio indivíduo. A ideia é que as redes neurais se reorganizem ativamente durante todo o ciclo da nossa vida, através da experiência e da prática.

Interessante, nesse contexto, é a teoria da Modificabilidade Cognitiva Estrutural de Reuven Feuerstein, proposta já na metade de 1950 e hoje validada pelos estudos neurocientíficos.

Feuerstein identificou vários pressupostos que fortalecem a neuroplasticidade e as condições que facilitam a modificabilidade cognitiva e estrutural dos indivíduos.

Entre esses pressupostos encontramos:

1. A ativação e o treino do estímulo que queremos fortalecer, pois aquilo que não é utilizado vai desaparecendo e se enfraquecendo.

---

107. KANDEL, E. R. *et al.* **Princípios de neurociências**. Porto Alegre: AMGH, 2014.

2. A repetição do estímulo, de forma que as mudanças funcionais e estruturais possam se manifestar em âmbito comportamental. A quantidade e a duração da repetição não podem ser definidas especificamente, pois dependem da pessoa – que é influenciada por fatores individuais e do ambiente onde se encontra. Quanto maior a frequência e o tempo com que a nova função é solicitada, mais evidente será também a mudança no nível comportamental.

3. A repetição do estímulo coopera com a persistência. Isso significa que, mesmo quando os resultados não são imediatamente visíveis, precisamos manter a convicção de que há um ritmo de aquisição e aprendizagem subjetivo e individual, muitas vezes latente, que se concretiza no tempo, permitindo obter as mudanças determinadas.

4. A plasticidade cerebral requer um certo nível de intensidade, significando que é importante carregar a ativação do estímulo com emoções intensas e positivas.

5. A utilização de várias formas de ativar os estímulos que queremos consolidar. Utilizar experiências visuais, como as imagens mentais, motoras, táteis, auditivas, olfativas – quer dizer, experimentar com o corpo inteiro e utilizando diferentes modalidades de percepção –, oferece uma maior força no processo de novos aprendizados e mudanças.[108]

De acordo com uma pesquisa publicada em 2020 na *Nature Communications*, conduzida por psicólogos da Queen's University, no Canadá, uma pessoa teria uma média de 6.200 pensamentos por dia. Desse número, 95% se repetem no dia seguinte, obedecendo ao nosso piloto automático.[109]

---

108. FEUERSTEIN, R. *et al.* Cognitive Enhancement and Rehabilitation for the Elder Population: Application of the Feuerstein Instrumental Enrichment Program for the Elderly. **Life Span and Disabilit**, v. 15, n. 2, p. 21-33, jul.-dez. 2012.

109. TSENG, J.; POPPENK, J. Brain Meta-state Transitions Demarcate Thoughts Across Task Contexts Exposing the Mental Noise of Trait Neuroticism. **Nature Communications**, v. 11, n. 1, p. 1-12, 13 jul. 2020. Disponível em: https://www.nature.com/articles/s41467-020-17255-9. Acesso em: 14 ago. 2023.

Porém isso nos faz refletir que, na verdade, temos todos os dias 6.200 novas oportunidades para nos fortalecer ou para nos atormentar. E é nesse cenário que a neuroplasticidade pode ser uma poderosa aliada.

O ponto é aprender como fazer isso. Como fazer crescer os pontos de forças interiores, transformar as vulnerabilidades e criar conexões novas no cérebro?

Estudos da neurocientista e farmacóloga estadunidense dra. Candace Pert mostram que a nossa atividade mental e emocional é uma comunicação direta com nosso corpo. Em um fluxo constante de informações, as nossas células se tornam veículos de tudo que passa na nossa mente – pensamentos, emoções, crenças, julgamentos –, e assim a nossa atividade mental e emocional se torna física e o corpo responde. Ou seja, tudo está interligado em um grande network psicossomático.[110]

As afirmações positivas e potencializantes – que também chamo de "frases de poder" – nos ajudam a aprender padrões de pensamento benéfico que mudam a nossa realidade. A dra. Candace Pert nos ensina que a repetição das afirmações em um estado relaxado, agradável, confiante e amoroso de consciência estimula a neuroplasticidade e promove a realização de um novo, mais favorável e construtivo padrão de pensamento.

PARA PRATICAR: AS FRASES DE PODER EM AÇÃO

Se você se encontrar **preso em pensamentos desamorosos consigo mesmo, pensamentos que se autoimpõem solidão e pensamentos autodepreciativos**, você pode reprogramar sua mente com afirmações positivas e construtivas. À medida que alimenta a sua mente com novas sensações fortalecedoras, você está dando origem a um novo caminho neural, pavimentando a estrada para uma maior autoconfiança e autenticidade.

---

110. PERT, C. B. **Conexão mente corpo espirito**. São Paulo: Barany, 2009.

O processo mais simples e rápido para modificar padrões de pensamentos e programas mentais é por meio das frases de poder. Lembre-se de repetir essas afirmações várias vezes. Como dito anteriormente, a repetição, envolvendo a emoção, é essencial no processo de aprendizado e estabelecimento de um sentimento de intimidade e coerência com as novas identidades ou sensações que queremos vivenciar e a criação de renovados esquemas mentais mais saudáveis e positivos.

Precisamos estar atentos à qualidade da nossa conversa mental, da forma como falamos a nós mesmos, pois o modo como conversamos internamente determina um estado emocional e, consequentemente, um comportamento e um resultado. Por isso é importante usar as afirmações de maneira construtiva e a nosso favor.

Aqui, apresento algumas frases de poder para ajudar você a criar novas sinapses. Você pode também criar as suas próprias **frases potencializadoras**:

1. Utilizo minha força criativa para proporcionar o melhor na minha vida.
2. Confio em mim mesmo e respeito quem eu sou.
3. Eu acredito em mim mesmo e na minha capacidade de aprender e evoluir.
4. Eu me sinto único e valioso.
5. Minha autoestima é forte e sólida.
6. Eu me amo e me aceito como eu sou.
7. Eu estou repleto de energia e dou vida às minhas ideias.
8. Todo o meu ser é sadio e pleno de energia amorosa, criativa e criadora.
9. Quando um ciclo se completa está na hora de renascer.
10. Deixo ir o passado e as influências antigas e aceito um futuro novo e feliz.
11. Eu me sinto pronto para as oportunidades que a vida oferece.

12. Eu me aceito e sou feliz de ser eu mesmo.

13. Confio em mim mesmo e na vida.

14. Eu sou merecedor de viver a felicidade e a realização.

PARA PRATICAR

Converse com os seus estudantes sobre a neuroplasticidade, evidenciando que o cérebro se modifica ao longo da vida. Muitas vezes os alunos não sabem disso e acham que não são suficientemente inteligentes para estudar. Quando eles compreendem que a sua inteligência é maleável e que a aprendizagem altera a estrutura do cérebro, resgatam a autoconfiança e a motivação para os estudos.

DESPERTANDO O PODER DOS PENSAMENTOS FUNCIONAIS

"É preciso encontrar, no meio dos pequenos pensamentos que nos incomodam, o caminho dos grandes pensamentos que nos dão força."

Dietrich Bonhoeffer, pastor luterano[111]

Segundo os conceitos da neuroplasticidade, em cada momento da nossa vida somos confrontados com eventos que moldam nossa experiência física, mental e emocional. No entanto, o que realmente determina o impacto desses eventos não são os próprios acontecimentos externos em si, mas a maneira como escolhemos interpretá-los e os pensamentos que alimentamos sobre eles.

Quando algo nos acontece, nossa mente não permanece passiva. Ela imediatamente começa a gerar pensamentos, tentando encontrar explicações e significados para o que estamos vivenciando. Muitas vezes, esses pensamentos ocorrem de maneira automática e inconsciente, influenciando profundamente nossas emoções e reações.

---

111. BONHOEFFER, D. **Pinterest**. Disponível em: https://br.pinterest.com/pin/692076667729014155/. Acesso em: 14 ago. 2023.

Podemos dividir nossos pensamentos em duas categorias distintas: **funcionais** e **disfuncionais**. Os **pensamentos funcionais** são aqueles que nos ajudam a nos sentir bem e a agir de acordo com nossos desejos e objetivos. Eles nos capacitam, trazendo clareza, motivação e positividade. Por outro lado, os **pensamentos disfuncionais** distorcem a realidade, despertando emoções limitantes, desagradáveis e exageradas. Eles nos levam a comportamentos autodestrutivos, contraproducentes e nos impedem de alcançar nosso verdadeiro potencial.

A chave para aprimorar nossa competência emocional está em cuidar da qualidade dos nossos pensamentos. Devemos estar atentos e conscientes de como nossas próprias mentes estão influenciando nossas emoções e ações. Precisamos substituir os pensamentos disfuncionais por pensamentos funcionais, capazes de promover uma atitude interna mais positiva e alinhada com nossos desejos e sonhos mais profundos.

Chegou a hora de despertar o poder transformador dos nossos próprios pensamentos. É hora de liberar as amarras dos "vírus mentais" que nos limitam e abraçar uma nova perspectiva, mais positiva e proativa.

Imagine que você está enfrentando um desafio no trabalho. Se você adotar pensamentos disfuncionais, como "Eu nunca serei capaz de lidar com isso" ou "Tudo vai dar errado", estará alimentando emoções de ansiedade, medo e insegurança. Isso pode levar a um comportamento de evitar a situação, procrastinação ou até mesmo sabotagem dos seus próprios esforços.

Agora, imagine que você substitua esses pensamentos disfuncionais por pensamentos funcionais, como "Eu sinto que sou capaz de aprender e crescer com esse desafio" ou "Posso buscar apoio e orientação para lidar com isso". Esses pensamentos capacitadores vão gerar emoções de confiança, determinação e coragem. Isso o levará a um comportamento de enfrentamento da situação, busca por soluções e perseverança.

Outro exemplo seria nas relações pessoais. Se você tiver pensamentos disfuncionais, como "Ninguém se importa comigo" ou "Eu sempre acabo sendo decepcionado", estará alimentando emoções de tristeza, solidão e desamparo. Isso pode levar a comportamentos de isolamento, falta de comunicação ou até mesmo buscar relacionamentos tóxicos.

Agora, imagine que você adote pensamentos funcionais, como "Tenho pessoas ao meu redor que se importam comigo" ou "Eu mereço relacionamentos saudáveis e respeitosos". Esses pensamentos fortalecedores vão gerar emoções de conexão, gratidão e autoestima. Isso o levará a comportamentos de busca por apoio emocional, comunicação aberta e estabelecimento de relacionamentos saudáveis.

Esses exemplos ilustram como a qualidade dos nossos pensamentos influencia diretamente nossas emoções e nossos comportamentos. Ao conscientemente escolhermos pensamentos funcionais e positivos, podemos transformar a forma como nos sentimos e agimos diante das situações do cotidiano, promovendo uma competência emocional mais elevada.

Portanto, escolha conscientemente seus pensamentos. Alimente-os com amor, gratidão e compaixão. E, acima de tudo, acredite na magia que acontece quando os pensamentos se tornam aliados poderosos das suas emoções. Você é o autor da sua própria narrativa emocional. Agora é o momento de escrever uma história de empoderamento, transformação e plenitude.

PARA LER E REFLETIR

1. Os seus pensamentos lhe fazem sentir como você gostaria?
2. Quais são os pensamentos limitantes mais frequentes em sua mente?
3. O que você diria a um amigo que tem pensamentos limitantes e destrutivos?

PARA PRATICAR: INTERROMPENDO CONSCIENTEMENTE PENSAMENTOS NEGATIVOS E DESTRUTIVOS

Quando você percebe um pensamento repetitivo e limitante, interrompa deliberadamente o fluxo dele, focalizando a sua atenção em uma ação positiva – algo simples, mas de que você goste, como fazer uma breve caminhada, ler uma página de um livro, conversar com alguém tomando um café, fechar os olhos e respirar conscientemente etc.

Esse exercício não demanda muito tempo, mas permite que o "modo automático" do fluxo dos pensamentos seja interrompido. Após a interrupção, foque um pensamento empoderador.

Acesse o QR Code para um resumo do capítulo e uma meditação guiada:

CAPÍTULO 15
A TRANSFORMAÇÃO ESTÁ NAS SUAS MÃOS

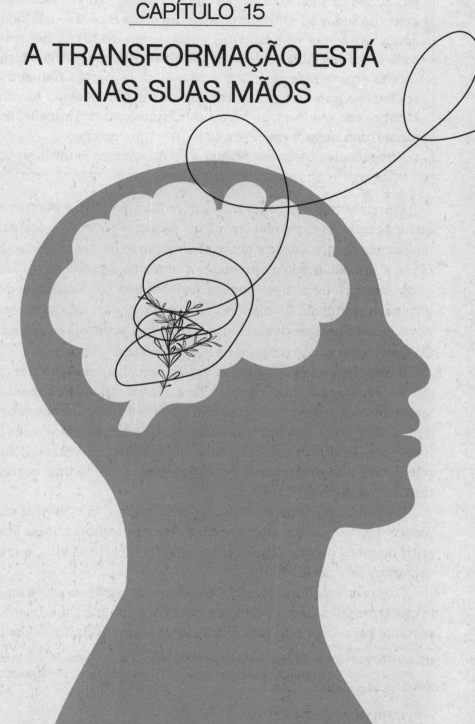

"É loucura odiar todas as rosas porque uma te espetou. Entregar todos os teus sonhos porque um deles não se realizou, desistir de todos os esforços porque um deles fracassou. É loucura condenar todas as amizades porque uma te traiu, descrer de todo amor porque um deles te foi infiel. É loucura jogar fora todas as chances de ser feliz porque uma tentativa não deu certo. Espero que na tua caminhada não cometas estas loucuras. Lembrando que sempre há outra chance, outra amizade, outro amor, uma nova força. Para todo fim, um recomeço."

Trecho de *O pequeno príncipe*, de Antoine de Saint-Exupéry[112]

Muitas vezes, somos levados a acreditar que nosso passado define quem somos. As experiências, ideias e crenças que vivemos parecem moldar nossa identidade e determinar o curso de nossas vidas. No entanto, é fundamental compreender que temos o poder de transcender essas amarras, de romper com os padrões que nos limitam e de criar uma nova realidade. Somos seres em constante evolução, capazes de renovar nossas perspectivas, reinventar nossos sonhos, reconstruir nossas convicções e nos reconectar à nossa essência.

A resposta está em suas mãos, em suas escolhas diárias. Cada decisão que você toma reverbera em sua vida e nas vidas daqueles ao seu redor. Suas palavras, ações e intenções têm o poder de criar um impacto duradouro. Você pode escolher trazer consigo os ensinamentos deste livro e incorporá-los em sua vida cotidiana. Pode compartilhar essas lições com seus filhos, alunos, amigos e entes queridos, criando uma corrente de transformação e realização.

Como diz uma frase atribuída a Cora Coralina, "mesmo quando tudo parece desabar, cabe a mim decidir entre rir ou chorar, ir ou ficar, desistir ou lutar; porque descobri, no caminho incerto da vida, que o mais importante é o decidir".[113]

Cuidar do equilíbrio mental e emocional do professor não é mais uma opção. O caminho da competência emocional e do autoconhecimento é importante para todos nós, para fortalecer os alicerces da nossa identidade,

---

112. SAINT-EXUPÉRY, A. **O pequeno príncipe**. Rio de Janeiro: HarperCollins Brasil, 2018.
113. CORALINA, C. **Pensador**. Disponível em: https://www.pensador.com/frase/MTAwMDE0Nw/. Acesso em: 14 ago. 2023.

conhecer nossas emoções, direcionar nossos pensamentos, consolidar as habilidades para transitar pelas interferências que encontramos no caminhar pela vida e continuar a missão de educar, reconhecendo, como diz Rubem Alves, que " Ensinar é um exercício de imortalidade, de alguma forma continuamos a viver naqueles cujos olhos aprenderam a ver o mundo pela magia da nossa palavra e o professor assim, não morre jamais".[114]

Hoje em dia existe a cobrança com a performance e a pressão em sempre ter que provar algo, sempre ser melhor, sempre feliz, determinado, confiante, super-herói em todos os campos da vida, mas essa expectativa é irreal e não natural, não é humana. Todos vivemos altos e baixos, o ponto é saber equilibrar e lidar com o universo das emoções na beleza e profundidade das suas variáveis e diferenças, pois cada emoção é vivenciada de forma subjetiva, dependendo da experiência pessoal e de como interpretamos a realidades. O educador vê muito isso na sala de aula, onde uma situação externa, como uma prova, pode provocar reações emocionais completamente diferentes nos alunos: medo, ansiedade, incapacidade ou raiva em relação ao professor, agressividade ou, ao contrário, segurança e capacidade.

Às vezes acontece algo na vida que nos faz cair, às vezes as coisas mudam tão bruscamente que, sem perceber, estamos em choque nos perguntando o porquê de isso ter se passado com a gente. E nos sentimos quebrados, sem forças, sem saber o que fazer.

Nesses momentos precisamos perceber que não podemos voltar atrás, que o que está feito, está feito. Se algo "quebrou" podemos tomar consciência da dor e então assimilar o que aconteceu e qual é a situação atual e, assim, dessa constatação, mesmo que você esteja "em cacos", pode se reconstruir ainda mais forte e belo, pois dessas experiências pode extrair uma força e sabedoria inesperadas.

Aprendemos no decorrer do livro que não importa o que aconteceu, qual peça tenha sido quebrada, pois a reconstrução utilizando o cuidado consigo mesmo, a atenção e o amor-próprio, os conhecimentos e reflexões do livro tornam a pessoa ainda mais preciosa e única, desenvolvendo sua resiliência e transformando suas feridas e cicatrizes em forças e poder pessoal.

Podemos "redecidir" e nos reconstruir, renascer e viver com mais intensidade, retomando o gosto pela vida, a motivação pela nossa profissão

---

114. ALVES, R. **A alegria de ensinar**. Campinas: Papirus, 2000.

e a confiança no futuro. Podemos tomar as rédeas do nosso destino e determinar o que queremos viver e o que não queremos mais na nossa vida.

Nestas páginas, você percebeu como é importante nos reabastecermos, fazermos pausas, olharmos para nossas necessidades, cuidarmos de nós mesmos e das nossas emoções e, também, puxar o fio da tomada de vez em quando.

Compreendemos o quanto é essencial nos sentirmos seguros, protegidos, estar com as pessoas que amamos, expandir a harmonia, cooperação, empatia e conexão. Como um trapezista que precisa de uma rede de proteção para ousar e criar algo novo em seu show, nós também precisamos construir uma "rede de proteção" em nossa jornada para trilhar novos caminhos e tomar novas decisões.

E é isso que fizemos no decorrer desta jornada juntos: criamos uma rede de proteção interna, fortalecendo a compreensão e a gestão das nossas emoções, e também compreendemos a importância de uma rede de proteção externa, ou seja, cultivarmos relacionamentos interpessoais significativos e verdadeiros.

Entendemos que sem essa rede de proteção podemos acabar repetindo os mesmos padrões de comportamento e reações automáticas, pois não temos confiança para mudar. Não há espaço nem força para a criação e a descoberta de uma nova realidade.

Cuidar de si mesmo, interna e eternamente, significa retomar o poder de reconhecer a própria unicidade e a própria força de transformar e concretizar os resultados escolhidos e utilizar o seu próprio potencial para se autodesenvolver constantemente.

PARA PRATICAR: CRIANDO NOSSAS REDES DE PROTEÇÃO

Aqui seguem alguns exemplos de como podemos criar uma rede de proteção tanto na vida pessoal quanto na vida profissional:

Vida pessoal:

1. **Cultivar relacionamentos saudáveis:** construir amizades sólidas e significativas, baseadas em apoio mútuo e respeito.

2. **Buscar terapia ou aconselhamento:** procurar a ajuda de um profissional para desenvolver habilidades emocionais, lidar com traumas passados e fortalecer a resiliência.

3. **Praticar autocuidado:** dedicar tempo para cuidar de si mesmo, praticando atividades que trazem prazer e relaxamento, como meditação, exercícios físicos ou hobbies.

4. **Estabelecer limites saudáveis:** aprender a dizer "não" quando necessário, definindo limites claros para preservar a energia e o bem-estar pessoal.

5. **Buscar apoio em grupos de interesse comum:** participar de comunidades ou grupos que compartilhem interesses semelhantes, permitindo conexões e apoio mútuo.

6. **Criar um ambiente de apoio em casa:** estabelecer um espaço familiar acolhedor e solidário, em que as emoções sejam valorizadas e a comunicação seja aberta e respeitosa.

7. **Investir em autodesenvolvimento:** buscar constante aprendizado e crescimento, participando de cursos, workshops ou lendo livros que ampliem os seus conhecimentos e habilidades.

8. **Praticar a gratidão:** cultivar um mindset de gratidão, reconhecendo as coisas positivas da vida e expressando gratidão por elas.

9. **Estabelecer metas realistas:** definir objetivos pessoais alcançáveis e desenvolver um plano de ação para conquistá-los, acompanhando o progresso ao longo do caminho.

10. **Procurar apoio familiar:** contar com o suporte e o amor de membros da família em momentos desafiadores, compartilhando preocupações e buscando conselhos quando necessário.

Vida profissional:

1. **Cultivar um ambiente de trabalho saudável:** promover um clima de respeito, colaboração e apoio entre colegas e superiores hierárquicos.

2. **Construir uma rede profissional:** estabelecer conexões e relacionamentos profissionais sólidos, participando de eventos, networking e mentorias.

3. **Buscar oportunidades de desenvolvimento profissional:** participar de treinamentos, workshops e cursos relacionados à área de atuação, aprimorando habilidades e conhecimentos.

4. **Estabelecer limites de trabalho:** definir horários e limites claros para manter um equilíbrio saudável entre trabalho e vida pessoal.

5. **Procurar mentoria:** buscar orientação de profissionais mais experientes, que possam oferecer conselhos e insights valiosos para o crescimento profissional.

6. **Fazer pausas regulares:** tirar pequenas pausas ao longo do dia para descansar e recarregar as energias, estimulando a produtividade e o bem-estar.

7. **Participar de grupos ou associações profissionais:** envolver-se em comunidades que reúnam profissionais da mesma área, permitindo trocas de conhecimento e apoio mútuo.

8. **Comunicar-se de modo claro e assertivo:** desenvolver habilidades de comunicação eficazes para expressar necessidades, preocupações e ideias com clareza e confiança.

9. **Ter uma visão de futuro de carreira:** estabelecer metas profissionais claras e mensuráveis para a carreira, criando um plano de ação e monitorando o progresso regularmente.

10. **Procurar equilíbrio entre desafios e habilidades:** buscar oportunidades que ofereçam um equilíbrio saudável entre desafios estimulantes e suas habilidades e talentos.

Essas são apenas algumas maneiras de criar uma rede de proteção tanto na vida pessoal quanto na profissional. Lembre-se de que cada pessoa tem necessidades individuais, portanto defina as suas estratégias para personalizar suas redes de proteção.

PARA VER E REFLETIR

Capitã Marvel, dirigido por Anna Boden e Ryan Fleck[115]

O filme nos faz refletir sobre o caminho da autodescoberta e do fortalecimento de qualidades como a resiliência e a capacidade de se adaptar, superando as adversidades e os obstáculos, recomeçando depois de quedas, perdas e pressões. O processo de mudança interior necessita primeiramente da aceitação de si mesmo.

Estamos sempre em contínua evolução! A perfeição em si não existe, estamos continuamente aprendendo, nos transformando e nos aprimorando.

Ter autoconfiança significa poder reconhecer sem medo as próprias fragilidades, imperfeições e limitações, aceitá-las e acolhê-las. A aceitação de quem somos possibilita nos olharmos de forma honesta e autêntica e nos permite não perder tempo e energias em evitar ou esconder nossas carências, mas concentrar nossas forças nas potencialidades que temos, fortalecer os pontos frágeis e usar os próprios pontos de força e talentos.

Não podemos deixar que nossas dificuldades se tornem grandes limites e bloqueios instransponíveis que impeçam a nossa liberdade de expressar, criar, viver e chegar ao resultado escolhido.

ESTAMOS EM CONTÍNUA EVOLUÇÃO

"Os seres humanos não nascem definitivamente no dia que suas mães dão à luz, mas a vida os obriga a renascer a partir de si mesmo constantemente."

Gabriel García Márquez[116]

---

115. CAPITÃ Marvel. Direção: Anna Boden e Ryan Fleck. Estados Unidos: Walt Disney Studios Motion Pictures, 2019. (2h04min)

116. MÁRQUEZ, G. G. Citação de **Cem anos de solidão**. Goodreads. Disponível em: https://www.goodreads.com/quotes/485070-os-seres-humanos-n-o-nascem-para-sempre-no-dia. Acesso em: 14 ago. 2023.

EDUARDO SHINYASHIKI | 217

Toda busca para a evolução provoca, inicialmente, desordem e uma sensação de desequilíbrio. Se isso não acontece, não há possibilidade de movimento, de mudança, de reorganização e de uma nova construção de si mesmo e da própria realidade. E esse processo requer coragem e perseverança, já que a mudança em algumas situações pode parecer impossível e a dor, insuperável.

Para começar o caminho da transformação e da evolução, precisamos reconhecer e transitar pelo medo da desordem e da sensação de caos, insegurança e instabilidade. Só assim chegamos à renovação e a uma metamorfose.

Precisamos estar prontos para deixar os pesos que nos bloqueiam e nos prendem de maneira desnecessária – e entender que isso não significa desistir de nossa bagagem de experiências que caracterizaram nosso passado e moldaram nosso presente, fazendo de nós o que somos, ou abdicar dos nossos sonhos e dos projetos para o nosso futuro. Mas sim deixar para trás o não essencial, o inútil e o nocivo, a casca vazia que fica quando o aprendizado já foi todo consumido e tudo aquilo não mais nos pertence e se tornou um peso em nossas vidas.

Significa reavaliar as convicções limitantes, os pensamentos negativos do passado, a autocrítica inútil, as derrotas, as quedas, as tristezas, as dores e as feridas. Deixar ir é cicatrizar os nossos traumas e transformá-los, como em um processo alquímico, em algo positivo, em ouro do seu ser, na sua sabedoria e aprendizagem e unicidade.

A constante do Universo é a mudança. Ou a abraçamos, experimentando as transformações, reconhecendo novas oportunidades, ou a resistimos, sentindo sofrimento, dor e uma sensação de perda de controle.

Quando não resistimos às novas ideias e novos padrões que queremos adotar e nos reconhecemos como fonte e origem dessa mudança, podemos construir novas experiências e realidades e, assim, assumir intencionalmente o nosso protagonismo e as rédeas de nossa vida.

Encontramos juntos nessa viagem reflexões, pressupostos e formas de retomar equilíbrio, energia, vitalidade e vontade de continuar acreditando e construindo os nossos objetivos e manter viva a paixão pelo nosso trabalho e pela vida, ampliando a nossa consciência de quem somos e do que podemos ser.

Um ponto importante é lembrar que todos nós possuímos recursos internos – emoções positivas e qualidades como coragem, amor, força, esperança etc. – que estão acessíveis dentro de nós, armazenados em nossas redes de memória e em nosso corpo. Nesta obra, você encontrou ferramentas para acessá-las, ativá-las e reforçá-las.

Realizando os exercícios e reflexões propostos durante a leitura, será possível reduzir o estresse em situações cotidianas, se enraizar no momento presente, fortalecer as competências emocionais para ajudar a acalmar o sistema nervoso, se autorregular e gerenciar as suas emoções.

Vimos nessa caminhada que a maleabilidade do nosso cérebro se deve à plasticidade neuronal, por meio da qual criamos novas conexões sinápticas, novos "caminhos". Porém, para fortalecer um comportamento diferente, precisamos dar tempo ao nosso cérebro para ele criar renovadas sinapses ao repetir as novas ações.

O funcionamento é simples: se uma conexão, sinapse, é estimulada regularmente, ela é mantida e fortalecida; se não for usada, é enfraquecida.

Lembre-se:

"Não é a força, mas a perseverança que faz as grandes obras."
Samuel Johnson, escritor, poeta e pensador inglês (1709-1784)[117]

A evolução, o aprimoramento, os resultados, as "grandes obras" são processos que necessitam de tempo, paciência e perseverança.

Em uma era de soluções rápidas e respostas instantâneas e superficiais, é importante cultivar a dedicação, a constância, a perseverança e a autorresponsabilidade que permite formar uma força interior invencível.

"Dai-me, Senhor, a perseverança das ondas do mar, que fazem de cada recuo, um ponto de partida para um novo avançar."
Gabriela Mistral (poetisa e educadora chilena 1889-1957)[118]

---

117. FRASES sobre a perseverança. **Frases Famosas**. Disponível em: https://www.frasesfamosas. com.br/tema/perseveran%C3%A7a/. Acesso em: 14 ago. 2023.
118. FRASES e pensamentos: a perserverança das ondas do mar - pensamentos I-X (Gabriela Mistral). **Luso Poemas**. Disponível em: https://www.luso-poemas.net/modules/news/article.php?storyid=220885. Acesso em: 8 set. 2023.

Por isso, repita os exercícios e as reflexões propostas aqui, releia e destaque os trechos do livro que mais marcaram você e busque se preservar de situações ou influências negativas que puxam sua energia para baixo. Cuide da sua alegria, do seu brilho, do amor por si mesmo, das novas conquistas, e permita que essa positividade se enraíze dentro de você plenamente.

Tome as informações e as reflexões do livro como referência, introjete em você e construa seus novos passos, crie e recrie seu caminho de valor e realização.

Dizem que antes de entrar no mar
o rio treme de medo.
Olhando para trás
os cumes, as montanhas,
o caminho longo e sinuoso
que abriu através de selvas e aldeias.
E vê diante de si um oceano tão grande.
Que entrar nele será
desaparecer para sempre.
Mas não há outro caminho.
O rio não pode voltar.
Ninguém pode voltar.
Voltar é impossível na existência.
O rio deve aceitar sua natureza.
E entrar no oceano,
só entrando no oceano,
o medo vai diminuir.
Porque só então o rio saberá
que não se trata de desaparecer no oceano,
mas se tornar oceano.

Khalil Gibran[119]

---

119. GIBRAN, K. O rio e o mar. **Marcelo Guernieri**. Disponível em: https://marceloguernieri. br/o-rio-e-o-mar-khalil-gibran/. Acesso em: 14 ago. 2023.

Esse lindo poema de Khalil Gibran conclui lindamente o movimento que fizemos no decorrer do livro: **de rio nos tornamos oceano**.

O medo existe, mas intuitivamente você já sabe que é o imenso oceano!

Gratidão, querido educador, pelos desafios que você assume todos os dias, pela coragem e sensibilidade que são inerentes à natureza da profissão de educador e por embarcar nessa jornada de fortalecimento emocional comigo. Que seu caminho seja iluminado, protegido e repleto de decisões que o levem ao encontro da sua mais autêntica felicidade.

Acesse o QR Code para um resumo do capítulo e uma meditação guiada:

LEVE A TRANSFORMAÇÃO PARA A SUA CIDADE E INSTITUIÇÃO:

PALESTRA CUIDAR DE QUEM EDUCA:

Atualmente, os profissionais da educação estão tão sobrecarregados cuidando de todos (pais, alunos, familiares) que frequentemente negligenciam seu bem-estar. A palestra foca as competências socioemocionais e a saúde mental, incentivando-os a se reconectar, reavivar paixões e fortificar seu propósito. Assim, tornam-se mais resilientes, preparados para os desafios da educação atual e aptos a criar um ambiente de aprendizado favorável, moderno e inclusivo.

PALESTRA COMPETÊNCIAS SOCIOEMOCIONAIS NA EDUCAÇÃO:

Desenvolver habilidades socioemocionais é vital para aprimorar a autoconsciência e a gestão emocional como fator primordial nas relações interpessoais e no aprendizado.

Esta palestra se alinha diretamente às necessidades contemporâneas da educação, garantindo que os educadores estejam preparados para o desenvolvimento pleno do aluno, que enfrenta os desafios emocionais e sociais da atualidade.

CAPACITE O SEU TIME PARA O SUCESSO:

PROGRAMA DE APRIMORAMENTO DAS COMPETÊNCIAS SOCIOEMOCIONAIS NA ESCOLA E NA VIDA DO EDUCADOR

Como usar as competências socioemocionais para impulsionar a BNCC no novo contexto educacional?

O treinamento, que pode ser realizado on-line ou presencialmente, foca a formação e o aperfeiçoamento do educador, aliando conceitos teóricos e atividades práticas.

Desenvolva seu time com um treinamento completo e profundo e capacite-o a se tornar agente de transformação, desenvolvendo cidadãos éticos, felizes, produtivos e participativos.

A educação está sempre evoluindo. Manter-se atualizado é uma necessidade.

Contrate agora uma experiência transformadora e revolucione a forma de pensar, sentir e agir do seu time com as tendências globais mais recentes. Permaneça na vanguarda e colha resultados extraordinários.

Isso é o que Eduardo Shinyashiki faz há mais de quarenta anos, transformando e fortalecendo profissionais extraordinários que fazem a diferença no mundo.

Entre em contato conosco e saiba mais:
contato@edushin.com.br
(11) 97388-9023 | (11) 97388-4840

Este livro foi impresso pela gráfica Terrapack em
papel pólen bold 70 g em outubro de 2023.